KB105306

The Diary of Anne Frank

안네의 일기

안네의 일기

First edition: September 2010

TEL (02)2000-0515 | FAX (02)2271-0172

ISBN 978-89-17-23777-1

YBM Reading Library는 ...

쉬운 영어로 문학 작품을 즐기면서 영어 실력을 크게 향상시킬 수 있도록 개발된 독해력 완성 프로젝트입니다. 전 세계 어린이와 청소년들에게 재미와 감동을 주는 세계의 명작을 이제 영어로 읽으세요. 원작에 보다 가까이 다가가는 재미와 명작의 깊이를 느낄 수 있을 거예요.

350 단어에서 1800 단어까지 6단계로 나누어져 있어 초·중·고 어느 수준에서나 자신이 좋아하는 스토리를 골라 읽을 수 있고, 눈에 쉽게 들어오는 기본 문장을 바탕으로 활용도가 높고 세련된 영어 표현을 구사하기 때문에 쉽게 읽으면서 영어의 맛을 느낄 수 있습니다. 상세한 해설과 흥미로운 학습 정보, 퀴즈 등이 곳곳에 숨어 있어 학습 효과를 더욱 높일 수 있습니다.

이야기의 분위기를 멋지게 재현해 주는 삽화를 보면서 재미있는 이야기를 읽고, 전문 성우들의 박진감 있는 연기로 스토리를 반복해서 듣다 보면 리스닝 실력까지 크게 향상됩니다.

세계의 명작을 읽는 재미와 영어 실력 완성의 기쁨을 마음껏 맛보고 싶다면, YBM Reading Library와 함께 지금 출발하세요!

준비하고, 읽고, 다지는 3단계 리딩 전략

YBM Reading Library

책을 읽기 전에 가볍게 워밍업을 한 다음, 재미있게 스토리를 읽고, 다 읽고 난 후 주요 구문과 리스닝까지 꼭꼭 다지는 3단계 리딩 전략! CD-ROM까지 활용하면 더욱더 재미있고 효과적이죠. YBM Reading Library, 이렇게 활용하세요.

Before the Story

People in the Story

스토리에 들어가기 전,
등장인물과 만나며 이야기의
분위기를 느껴 보세요~

Thursday, 19 November 1942

Dear Kitty,

Mr. Dussel is a nice man, just as we had imagined. Of course, he didn't mind sharing a room with me. Honestly, I'm not so happy about it, but there's a war on and I have to give up something.

Daddy said, "If we can save just one of our friends, then everything else is of secondary importance."

And he's right!

★ On his first day here, Mr. Dussel asked lots of questions. For example — when does the cleaning lady come? What time can he use the bathroom and toilet? You may laugh, but these things are not so simple to organize in a hiding place. During the day we must not make any noise. If there is a stranger such as the cleaning lady downstairs, we have to be extra careful. I explained all this carefully to Mr. Dussel. But one thing amazes me. He asks everything twice and still seems to forget what we have told him. Maybe he's upset by the sudden change.

★★★ ❷ ______ said that the most important thing was to save someone.
a. Peter b. Mr. Dussel c. Anne's Daddy

46 • The Diary of Anne Frank

In the Story

★ 스토리

재미있는 스토리를 읽어요. 잘 모른다고 멈추지 마세요. 한 페이지, 또는 한 chapter를 끝까지 읽으면서 흐름을 파악하세요.

★★ 단어 및 구문 설명

어려운 단어나 문장을 마주쳤을 때, 그 뜻이 알고 싶다면 여기를 보세요. 나중에 꼭 외우는 것은 기본이죠.

★★★ 돌발 퀴즈

스토리를 잘 파악하고
있는지 궁금하면 돌발 퀴즈로
잠깐 확인해 보세요.

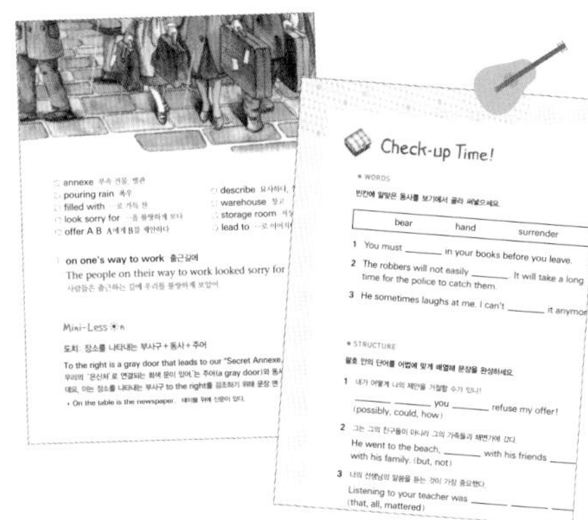
on one's way to work 출근길에
The people on their way to work looked sorry for

Mini-Lesson

To the right is a gray door that leads to our "Secret Annexe,

• On the table is the newspaper.

Check-up Time!

• WORDS

bear	hand	surrender

1 You must ______ in your books before you leave.
2 The robbers will not easily ______. It will take a long time for the police to catch them.
3 He sometimes laughs at me. I can't ______ it anymo

• STRUCTURE

1 ______ ______ you ______ refuse my offer! (possibly, could, how)
2 He went to the beach, ______ with his friends ______ with his family. (but, not)
3 Listening to your teacher was ______ ______ ______ (that, all, mattered)

Mini-Lesson
너무나 중요해서 그냥 지나칠 수 없는
알짜 구문은 별도로 깊이 있게 배워요.

- mind ...ing …하는 것을 신경쓰다 (싫어하다)
- share A with B A를 B와 공유하다
- honestly 솔직히 말해서
- there's ... on …가 진행 중이다
- give up 포기하다
- of secondary importance 둘째로(2차적으로) 중요한
- organize 정리하다, 체계화하다
- such as …와 같은, 예를 들어
- amaze 몹시 놀라게 하다
- upset 혼란스러운, 당황한

Chapter 3 • 47

Check-up Time!
한 chapter를 다 읽은 후 어휘, 구문,
summary까지 확실하게 다져요.

Focus on Background
작품 뒤에 숨겨져 있는 흥미로운 이야기를
읽으세요. 상식까지 풍부해집니다.

After the Story

Reading X-File 이야기 속에 등장했던
주요 구문을 재미있는 설명과 함께 다시 한번~

Listening X-File 영어 발음과 리스닝 실력을 함께
다져 주는 중요한 발음법칙을 살펴봐요.

MP3 Files
www.ybmbooksam.com에서 다운로드 하세요!

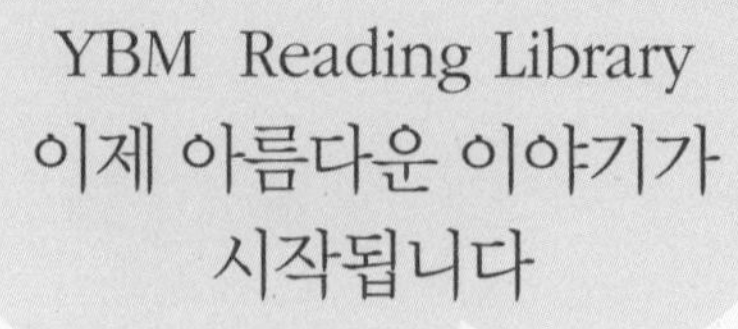

YBM Reading Library
이제 아름다운 이야기가
시작됩니다

The Diary of Anne Frank

Before the Story

In the Story

Anne Frank (1929 ~ 1945)

안네 프랑크는 …

독일 프랑크푸르트(Frankfurt)에서 오토 프랑크(Otto Frank)와 에디스 프랑크(Edith Frank)의 둘째 딸로 태어났다. 1933년 히틀러가 집권하여 유대인 탄압을 시작하면서 안네의 가족은 네덜란드 암스테르담으로 이주하였다. 1939년 제 2차 세계대전이 일어나고, 이듬해 봄 네덜란드가 독일군에 항복하면서 네덜란드에서 유대인에 대한 탄압이 시작되자 안네의 가족은 아버지의 사무실이었던 은신처로 숨기에 이르렀다. 안네가 열세 살되던 1942년 7월의 일이었다.

안네는 이곳에서 은신처 가족들의 생생한 생활 모습뿐만 아니라 전쟁의 참담함 속에서도 버리지 않았던 자신의 희망과 꿈, 사랑을 일기에 진솔하게 담았다. 1944년 8월 1일 자로 안네의 일기는 끝을 맺는데, 이 날은 누군가의 밀고로 독일 비밀 경찰이 은신처를 습격하고 은신처 가족 전원이 체포된 날이었다. 체포 후 안네는 1945년 봄, 베르겐-벨젠(Bergen-Belsen) 수용소에서 발진티푸스로 16세의 꽃다운 나이에 숨을 거두고 만다. 하지만 '죽어서도 영원히 살고 싶다' 는 바람을 피력했던 안네는 자신의 일기와 함께 전 세계 사람들의 가슴 속에 지금도 살고 있다.

The Diary of Anne Frank

안네의 일기는 …

안네가 자신의 13번째 생일에 아버지로부터 받은 일기장를 '키티'라고 부르며 친구에게 속내를 털어놓듯 2년여 동안의 은신생활을 기록한 내용이다.

이 일기에는 유대인이라는 이유로 은신처에서 숨죽여 살아야 했던 안네가 느끼는 전쟁의 공포와 발각에 대한 불안, 그리고 궁핍한 은신생활들이 자세히 묘사되어 있다. 하지만 이런 절망적인 현실에서도 결코 포기하지 않은 어린 소녀의 간절한 꿈과 희망도 담겨있다. 또한 사춘기 소녀로서 겪은 가족과의 갈등이나 이성에 대한 호기심까지 솔직하게 표현되어 있기도 하다.

안네의 가족이 체포된 이후 그녀의 일기는 은신생활을 도왔던 미프 히스(Miep Gies)에 의해 발견되어 가족 중 유일한 생존자였던 안네의 아버지에게 전달되었다. 그녀의 일기는 1947년 6월 25일 네덜란드에서 〈은신처〉라는 제목으로 첫 선을 보인 이래 전 세계 50여 개국 언어로 번역, 출판되었다.

감수성이 풍부한 사춘기 소녀의 순수한 내면 세계를 보여줌과 동시에 광폭한 전쟁의 잔인함을 사실적으로 표현한 〈안네의 일기〉는 전쟁문학의 대표작으로 평가받고 있다.

People in the Story

Mr. Dussel
은신처에서 안네와 같은 방을 쓰는 유대인 치과의사. 은신처에 가장 늦게 합류한다.

Edith Frank
안네의 어머니. 안네를 사랑하지만 서투른 표현 때문에 사춘기의 안네와 많은 갈등을 겪는다.

Otto Frank
안네의 아버지. 가족 중 안네를 가장 잘 이해하고 격려해 주어서 안네가 믿고 의지한다.

Mr. and Mrs. van Daan

안네 가족과 함께 은신처에 사는 유대인 부부. 자주 부부 싸움을 하며 안네에게 잔소리를 하기도 한다.

Peter van Daan

판 단 씨 부부의 아들. 사춘기 소녀 안네의 마음을 설레게 하고 은신생활에서 안네에게 큰 위로가 되어준다.

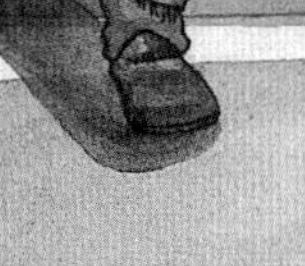

Anne Frank

자신의 일기장에 키티라는 이름을 붙이고 일기를 쓰는 유대인 소녀. 나치를 피해 은신처에 숨어 살지만 꿈을 포기하지 않는다.

Margot Frank

안네의 세 살 위 언니. 차분하고 단정한 품행으로 안네의 시기를 받기도 한다.

a Beautiful Invitation

– YBM Reading Library

The Diary of Anne Frank

Anne Frank

My Diary, Kitty

나의 일기장, 키티

Sunday, 14 June 1942

On Friday, 12 June, I woke up early at six o'clock because it was my thirteenth birthday. It was too early to get out of bed, so I had to control my curiosity until a quarter to seven. When I could [1] bear it no longer, I crept downstairs. In the dining room, my cat, Moortje, welcomed me warmly.

Then I went to see Mummy and Daddy in the living room. I had lots of presents to unwrap. There were a bunch of roses, a plant, and some peonies, and more arrived during the day. But the best present of all was *you* — my diary!

- □ control one's curiosity 호기심을 억누르다
- □ quarter 15분; 4분의 1
- □ bear 견디다, 참다
- □ creep 살금살금 걷다 (creep-crept-crept)
- □ unwrap 포장을 풀다
- □ a bunch of 한 다발의
- □ peony 작약, 모란
- □ recess 휴식 시간
- □ treat A to B A에게 B를 대접하다
- □ pal 단짝, 친구

Later my friend called for me, and we went to school. During the recess I treated everyone to sweet cookies, and then we had to go back to our lessons.

Now I must stop. Bye-bye, we're going to be great pals!

1 **분+to+시** …시 ~분 전
I had to control my curiosity until a quarter to seven.
나는 7시 15분 전까지 호기심을 억눌러야만 했어.

Saturday, 20 June 1942

I need you to know my deepest thoughts. I know lots of people, but I don't have any close friends to tell my secrets to. I don't want anyone else to read you. Anyway, who would be interested in the thoughts of a thirteen-year-old girl? I just want you, my diary, to be my friend. And I'll call you Kitty.

Today I will tell you the story of my life.

I have parents who love me and a comfortable home to live in. My sister, Margot was born in 1926 in Frankfurt, Germany. I followed on June 12, 1929.

We are Jewish, so Daddy moved us to Holland in 1933, where we could feel safer. But we worried about our relatives still living in Germany. They were suffering under Hitler's anti-Jewish laws.

After May 1940, our comfortable life in Holland changed. First there was the war with Germany; then Holland surrendered. When the Germans arrived, anti-Jewish laws were introduced and our freedom disappeared.

When did Anne's freedom disappear in Holland?

a. After Holland surrendered.
b. As soon as she arrived in Holland.
c. After her relatives left for Holland.

- thought 생각, 사고
- be interested in …에 관심을 갖다
- comfortable 편안한
- follow 뒤따르다, 뒤이어 태어나다
- Jewish 유대인의
- Holland 네덜란드
- relative 친척, 인척
- suffer under …하에 고통받다
- anti-Jewish laws 반유대인 정책
- surrender 항복하다, 함락되다
- the Germans 독일군
- disappear 사라지다

Mini-Lesson

See p. 112

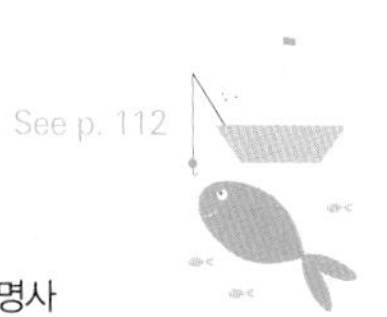

명사 + to 부정사 + 전치사

I have a comfortable home to live in.에서 부정사구 to live in은 명사 home을 수식하고 있는데요, 이 때 live a home이 아니라 live in a home이 맞기 때문에 live 뒤에 in이 따라오는 거랍니다.

- I need a pen to write with. 나는 쓸 펜이 필요해.

Every Jew must wear a yellow star. Jews must hand in their bicycles. Jews are forbidden to use public transport, ride bicycles or drive cars. Jews are only allowed to do their shopping between three and five o'clock and then only in shops which bear the placard "Jewish shop." Jews must be indoors by eight o'clock and cannot even sit in their own gardens after that hour. Jews are forbidden to visit theaters, cinemas, and other places of entertainment. Jews may not take part in public sports. Jews are also forbidden to use swimming baths, tennis courts, hockey fields, and other sports facilities. Jews must not visit Christians. And Jews must only go to Jewish schools.

So we cannot do this, and we are forbidden to do that. But we try to carry on as normally as possible.

And that is my life so far.

- □ Jew 유대인
- □ hand in …을 반납하다
- □ be forbidden to + 동사원형 …하는 것이 금지되다
- □ public transport 대중 교통편
- □ be allowed to + 동사원형 …하는 것이 허락되다
- □ bear 지니다
- □ placard 간판
- □ entertainment 유흥, 오락
- □ take part in …에 참여하다
- □ swimming bath (실내의) 수영장
- □ sports facilities 운동 시설
- □ Christian 기독교도
- □ carry on 생활하다
- □ as ... as possible 가능한 한 …하게
- □ normally 정상적으로
- □ so far 지금〔여태〕까지

BAKKERIJ
23

Sunday, 21 June 1942

Dear Kitty,

It's the end of the school year, and my whole class is nervous. The reason is that the teachers' meeting will be held soon. Then the teachers will decide who will move up and who will stay put. I think a quarter of the class should stay where they are.

I'm not worried about my girl friends and myself, although I'm a bit worried about maths. Now all we can do is to wait patiently.

Yours, Anne

Sunday morning, 5 July 1942

Dear Kitty,

I got mostly Bs in my exams! I'm happy, and Mummy and Daddy are pleased too. As usual, Margot had a brilliant report.

Daddy doesn't work much now, so he's home a lot. A few days ago, Daddy and I went for a walk together across our little square. Then he told me that we would soon go into hiding. I asked him why.

"Well, Anne," he said, "you know that for more than a year now we have been sending our clothes, food, and furniture to other places. We don't want the Germans to take our belongings. And most of all, we don't want them to send us away, either!"

I was scared and asked, "When are we going?"

He replied, "Don't worry about it, we will arrange everything. Just have fun while you can!"

Yours, Anne

- □ move up 승급하다
- □ stay put 그대로 있다
- □ although 비록 …이지만
- □ a bit 조금, 약간
- □ patiently 참을성 있게
- □ mostly 대부분, 대개
- □ as usual 평소와 같이, 여느 때처럼
- □ brilliant 우수한, 훌륭한
- □ report (학교의) 성적표
- □ go into hiding 숨다, 행방을 감추다
- □ belongings 소유물, 재산
- □ most of all 무엇보다도
- □ send ... away …을 내쫓다, 추방하다
- □ arrange 준비하다

Wednesday, 8 July 1942

Dear Kitty,

So much has happened since Sunday. It seems like the whole world has turned upside down. But I am still alive, Kitty, so there is still hope.

On Sunday afternoon, Margot came to me looking very distressed.

Schutzstaffel의 약어로 1925년부터 경찰업무와 인종차별 업무를 했던 독일 나치스 친위대를 가리켜요.

"The SS* have sent a call-up notice for Daddy," she whispered. "Mummy has gone to ask Mr. van Daan if we can move into our hiding place on Monday. The van Daans are going with us, so we shall be seven." (Mr. van Daan is a friend who works with Daddy.)

It was a great shock to me. Everyone knows a call-up means terrible concentration camps and dark lonely cells. How could we possibly let Daddy go to [1] a place like that!

We found out later, that the call-up was not for Daddy but for Margot! What did they want with a [2] sixteen-year-old girl? But thank goodness Mummy said she wouldn't be going! That's why Daddy talked about us going into hiding. Into hiding — where would we go, in a town or the country, in a house or a cottage, when, how, where ...?

Margot and I began to pack some of our most important things. The first thing I put in my bag was this diary, then a comb, schoolbooks, and some old letters. But I'm okay, memories are more important to me than dresses.

Miep came and took some of our shoes, dresses, coats, underwear, and stockings away in her bag, promising to return in the evening. She has been in the business with Daddy since 1933 and has[3] become a close friend.

- ☐ turn upside down 뒤죽박죽 되다, 엉망이 되다
- ☐ distressed 고민하는, 괴로운
- ☐ call-up notice 소환장
- ☐ concentration camp 포로수용소
- ☐ cell (교도소의) 독방
- ☐ thank goodness 천만다행으로
- ☐ cottage 시골집, 오두막집
- ☐ pack 짐을 꾸리다, 싸다
- ☐ memory 추억
- ☐ take ... away …을 가져가다
- ☐ underwear 속옷, 내의

1 **How could + 주어 + possibly + 동사!** 어떻게 …가 ~할 수 있느냐!
How could we possibly let Daddy go to a place like that!
어떻게 우리가 아빠를 그런 곳에 가게 할 수 있겠니!

2 **not A but B** A가 아니라 B
The call-up was not for Daddy but for Margot!
그 소환장은 아빠에게 온 것이 아니라 마르고에게 온 것이었어!

3 **be in the business with** …와 함께 일하다
She has been in the business with Daddy since 1933.
그녀는 1933년 이래로 아빠와 함께 일해오셨어.

Sunday night was my last night in my own bed. On Monday morning, Mummy woke us at five-thirty and told us to dress in as many clothes as possible. We didn't want to be seen carrying lots of suitcases. So I put on two undershirts, three pairs of pants, two dresses, two skirts, a raincoat, two pairs of stockings, a warm hat, a scarf, and still more.

At seven-thirty we closed the door and left the house. I cried when I said goodbye to my old cat, Moortje. We left a note for Mr. Goldschmidt, the young man who rented our upstairs room. We asked him to take Moortje to the neighbors.

The house was a mess, and it looked as though we had left in a hurry. But we didn't care. Getting to our hiding place safely was all that mattered.[1]

Yours, Anne

- □ dress in …을 입다
- □ undershirt (아동용) 속셔츠
- □ still more 아직[훨씬] 더 많은 것
- □ leave a note for …에게 쪽지를 남기다
- □ rent (집 · 토지 등을) 빌리다
- □ mess 뒤죽박죽, 엉망진창
- □ it looks as though 마치 …인 것처럼 보이다

1 **all that matter** 가장 중요한 것
Getting to our hiding place safely was all that mattered.
우리의 은신처로 안전하게 도착하는 것이 가장 중요한 것이었어.

Check-up Time!

● **WORDS**

빈칸에 알맞은 동사를 보기에서 골라 써넣으세요.

bear	hand	surrender

1 You must _______ in your books before you leave.

2 The robbers will not easily _______. It will take a long time for the police to catch them.

3 He sometimes laughs at me. I can't _______ it anymore.

● **STRUCTURE**

괄호 안의 단어를 어법에 맞게 배열해 문장을 완성하세요.

1 네가 어떻게 나의 제안을 거절할 수가 있니!

_______ _______ you _______ refuse my offer! (possibly, could, how)

2 그는 그의 친구들이 아니라 그의 가족들과 해변가에 갔다.

He went to the beach, _______ with his friends _______ with his family. (but, not)

3 너의 선생님의 말씀을 듣는 것이 가장 중요했다.

Listening to your teacher was _______ _______ _______. (that, all, mattered)

ANSWERS

Words | 1. hand 2. surrender 3. bear

Structure | 1. How could, possibly 2. not, but 3. all that mattered

● COMPREHENSION

본문의 내용과 일치하면 T에, 일치하지 않으면 F에 표시하세요.

		T	F
1	Margot was three years older than Anne.	☐	☐
2	Anne's daddy moved his family to Holland to make more money.	☐	☐
3	Anne took her cat, Moortje, with her when she went into hiding.	☐	☐
4	Miep, who helped Anne's family, worked with Anne's daddy.	☐	☐

● SUMMARY

빈칸에 맞는 말을 골라 이야기를 완성하세요.

Anne received a (   ) on her thirteenth birthday and named it Kitty. Anne started writing about her daily events and thoughts. She wasn't allowed to do certain things in Holland because of (   ). One day, Nazi police sent a call-up notice for Anne's sister Margot. It meant she had to go to a (   ) that was known to be a terrible place. So the family decided to leave for the (   ) that Anne's father had been arranging and preparing for some time.

a. anti-Jewish laws   b. hiding place

c. diary   d. concentration camp

ANSWERS

Comprehension | 1. T 2. F 3. F 4. T

Summary | c, a, d, b

The Secret Annexe

은신처

Thursday, 9 July 1942

Dear Kitty,

We walked through the pouring rain. We each carried a backpack and a shopping bag filled with all kinds of things. The people on their way to work [1] looked sorry for us. You could see that they wished they could offer us a ride. But they couldn't, because of the yellow stars we wore.

The hiding place was in Daddy's office building. Four people work in Daddy's office: Mr. Kugler, Mr. Kleiman, Miep and Bep.

I will describe the building. On the bottom floor, there is a large warehouse. On the second floor, there is a large office at the front and a small dark one at the back. On the third floor, to the left, there are some storage rooms. To the right is a gray door that leads to our "Secret Annexe." No one would ever guess that there would be so many rooms behind that door.

- annexe 부속 건물, 별관
- pouring rain 폭우
- filled with …로 가득 찬
- look sorry for …을 불쌍하게 보다
- offer A B A에게 B를 제안하다
- describe 묘사하다, 설명하다
- warehouse 창고
- storage room 저장소
- lead to …로 이어지다

1 **on one's way to work** 출근길에

The people on their way to work looked sorry for us.

사람들은 출근하는 길에 우리를 불쌍하게 보았어.

Mini-Lesson

도치: 장소를 나타내는 부사구+동사+주어

To the right is a gray door that leads to our "Secret Annexe." '오른쪽에는 우리의 '은신처'로 연결되는 회색 문이 있어.'는 주어(a gray door)와 동사(is)의 위치가 바뀌었는데요, 이는 장소를 나타내는 부사구 to the right를 강조하기 위해 문장 맨 앞에 두었기 때문이랍니다.

- On the table is the newspaper. 테이블 위에 신문이 있다.

Inside our Secret Annexe is a steep staircase. To the left of the stairs is a small passage that leads to our living room. Mummy and Daddy also sleep there. Margot and I sleep in the smaller room next door. On the right is the bathroom and toilet. Up the stairs is the kitchen. It will be Mr. and Mrs. van Daan's bedroom. Their son, Peter, will sleep in the small room next to the kitchen. Up some more stairs, there are two attic rooms that we use for storage. So that is our lovely Secret Annexe!

Yours, Anne

Saturday, 11 July 1942

Dear Kitty,

Last night we all crept downstairs to the large office and listened to the radio. But I was frightened that someone might hear us, so I begged Daddy to come upstairs with me.

We have to be quiet at night but even quieter during the day. If not, the people in the office downstairs might hear us. And we can't look out the window or go outside.

Yours, Anne

- □ steep 가파른
- □ staircase 계단
- □ passage 통로
- □ attic room 다락방
- □ be frightened that
  …할까 봐 무섭다
- □ beg A to + 동사원형(B)
  A에게 B해 달라고 부탁하다

Friday, 14 August 1942

Dear Kitty,

I haven't written anything for a whole month because nothing much has happened. The van Daans arrived on July 13. Their son, Peter, is almost sixteen and a bit shy. I don't think he's going to be much fun. He brought his cat, Mouschi, with him.

From the day they arrived, we have eaten all our meals together. So after three days, we felt like one large family. We were very interested to hear what had happened after we went into hiding. Mr. van Daan told us people thought we had escaped to Switzerland!

Yours, Anne

Friday, 21 August 1942

Dear Kitty,

The entrance to our hiding place has now been concealed. Bep's father built a bookcase to cover the gray door. It still opens and closes, but now our Secret Annexe is really secret!

Mr. van Dann and I don't like each other. Mummy treats me just like a baby, which I hate. Peter annoys me because he lies on his bed all day.

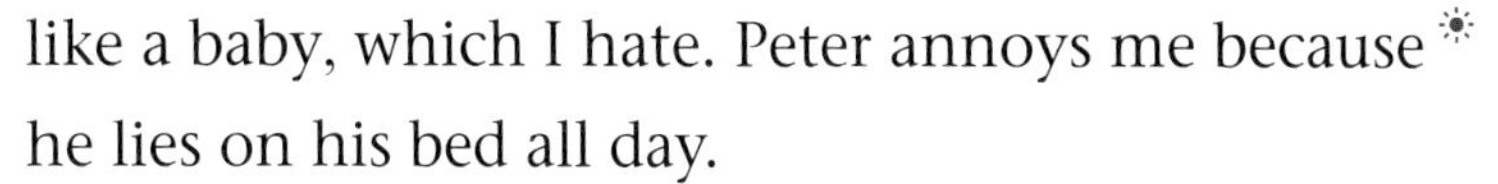

It's lovely hot weather. I wish I were outside.

Yours, Anne

- □ be interested to + 동사원형 …하고 싶어하다
- □ entrance to …의 입구
- □ conceal 숨기다, 감추다
- □ treat 취급하다, 대우하다
- □ annoy 짜증나게 하다

Mini-Lesson

문장 전체를 대신하는 which

절 뒤에 콤마(,)가 나온 후 which로 연결될 경우, which는 앞에 나온 문장 전체를 대신하기도 하는데, '그것'으로 해석하면 됩니다.

- Mummy treats me just like a baby, which I hate.
  엄마는 나를 애기처럼 취급하시는데, 그게 나는 싫어.
- I didn't say a word, which made him angry.
  나는 한마디도 안 했고, 그것이 그를 화나게 만들었어.

Wednesday, 2 September 1942

Dear Kitty,

Mr. and Mrs. van Daan had a dreadful argument. I've never seen anything like it before. Mummy and Daddy never shout and scream like that!

Every day Peter thinks he's got something wrong with him. He complains of aches and pains everywhere. Yesterday he thought his tongue had turned blue. And today he says he has a stiff neck. What a hypochondriac! (I hope that's the right word!)

Yours, Anne

Sunday, 27 September 1942

Dear Kitty,

Mummy, Margot and I are different, so we argue a lot. Mummy and I had a discussion today, but I ended up in tears. I don't get along with Margot well, either.

Daddy is much nicer and understands me better than Mummy does. I understand my girl friends better than I understand my mother. Isn't that sad?

Mrs. van Daan always criticizes me at mealtimes. If I take a small helping of some vegetable I hate [1] and eat potatoes instead, she can't get over it. [2]

"Come along, Anne, have a few more vegetables," she says straight away. "Vegetables are good for you. Your mother says so too."

And her first and last words are always, "If Anne were my daughter, I'd...."

Thank goodness I'm not!

Yours, Anne

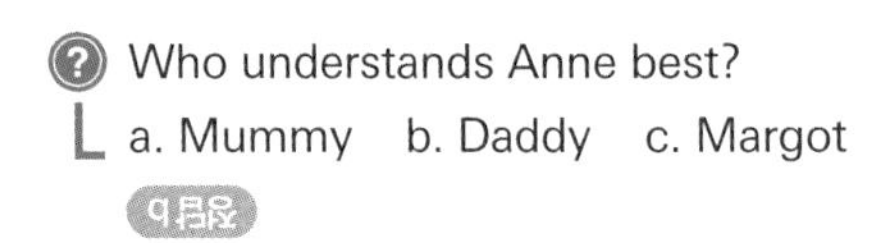

Who understands Anne best?
a. Mummy b. Daddy c. Margot

- □ dreadful 무서운, 무시무시한
- □ argument 말다툼, 언쟁
- □ complain of (몸이 아프다고) 호소하다
- □ aches and pains 온몸이 쑤시고 아픔
- □ stiff 뻣뻣한, 굳은
- □ hypochondriac 건강 염려증 환자
- □ end up in …로 끝나다
- □ get along with …와 사이좋게 지내다
- □ criticize 야단치다
- □ at mealtimes 식사 중에
- □ come along (독려하며) 자, 어서
- □ straight away 서슴없이

1 **take a small helping of + 음식(A)** A를 적게 먹다 (적은 양의 A를 먹다)

2 **get over** (부정문에서) …을 이해하다

If I take a small helping of some vegetable I hate and eat potatoes instead, she can't get over it.

내가 만약 싫어하는 야채를 적게 먹고 그 대신 감자를 먹으면, 아주머니는 그것을 이해하지 못해.

Tuesday, 29 September 1942

Dear Kitty,

Strange things can happen to people who are in hiding. Just imagine, because there is no bathtub, we use a small tin tub to bathe. The only hot water in the whole building is downstairs. So all seven of us take turns to go down and wash. Each member of the family has found his own place to wash.

Peter takes a bath in the office kitchen. Mr. van Daan goes right upstairs to the attic. He carries his hot water all that way!

Mrs. van Daan hasn't taken a bath yet; she is waiting to see which is the best place. Daddy has his bath in the private office, and Mummy has hers in the kitchen. Margot and I go into the front office, close the curtains, and wash in the dark.

However, I don't like that place any longer,

Mini-Lesson

See p. 113

주어 + suggest that + 주어 + (should) 동사원형

제안, 주장, 요구를 나타내는 동사 suggest, demand, insist 등이 이끄는 that절에서는 「should + 동사원형」을 쓰는데요, 흔히 should는 생략된답니다.

- Peter suggested that I (should) use the toilet. 피터는 내게 화장실을 쓰라고 제안했다.
- I demanded that she (should) attend the meeting. 나는 그녀가 그 회의에 참석해야 한다고 주장했다.

so since last week I've been looking for a better place. Peter suggested that I use the office toilet. There I can sit down, turn the light on, and lock the door. I used it on Sunday for the first time, and I'll use it from now on.

Yours, Anne

- bathtub 목욕통
- tin tub 양철로 만든 통〔물통〕
- bathe 목욕하다 (= take a bath)
- take turns to + 동사원형 교대로 …을 하다
- in the dark 어둠 속에서
- turn ... on …을 켜다
- from now on 이제부터 쭉〔계속〕

Friday, 9 October 1942

Dear Kitty,

나치 정권의 비밀 경찰로 SS와 더불어 체제강화를 위한 국가권력기구였답니다.

Today I heard some dreadful news. The Gestapo★ is taking away our Jewish friends. They are treating them horribly and transporting them in cattle-trucks to Westerbork, the big Jewish concentration camp in Drente.

Westerbork sounds terrible: only one washing sink for a thousand people and not enough toilets. There is no privacy; men, women, and children all sleep together. They have little food or water, and many die of starvation or illness.

If it's that bad in Holland, it must be much worse in those camps in other countries! We think that most of the Jews are murdered. The English radio says they're being gassed! Perhaps that's the quickest way to die.

Yours, Anne

- □ horribly 끔찍하게
- □ cattle-truck 가축차
- □ washing sink 세면대
- □ starvation 기아, 굶주림
- □ be murdered 살해되다
- □ be gassed 가스형 당하다

1 **transport A to B** A를 B로 운송하다
They are transporting Jews in cattle-trucks to Westerbork.
그들은 유대인들을 가축차로 베스테르부르크로 운송하고 있어.

Monday, 9 November 1942

Dear Kitty,

보드게임의 한 종류로 두 개의 주사위를 굴려서 하는 부동산 게임이랍니다.

Yesterday was Peter's sixteenth birthday. He got a game of Monopoly,* a razor and a lighter. It's a very nice lighter, but Peter doesn't really smoke.

Now let me tell you about our food supply in the Secret Annexe. Our bread is delivered daily by a nice baker, a friend of Mr. Kleiman's. We have a hundred cans of vegetables, three hundred pounds of dried beans and some potatoes. It's not as nice as the food we had at home, but it's okay.

Early one morning Peter was carrying the bags of beans upstairs to our storage cupboard. One of the bags split just as he got to the top of the stairs. It was like a hailstorm of beans tumbling down the stairs. Soon he started laughing loudly. He saw me standing at the bottom of the stairs, like a little island in the middle of a sea of beans.

It took us a long time to stop laughing and collect [1] them all.

Yours, Anne

1 **It takes + 사람(A) + a long time to + 동사원형(B)**
A가 B 하는 데 오랜 시간이 걸리다
It took us a long time to stop laughing and collect them all.
우리가 웃음을 멈추고 콩들을 모두 모으는 데 오랜 시간이 걸렸어.

- □ razor 면도기
- □ supply 공급, 지급
- □ be delivered 배달되다
- □ storage cupboard 식기장, 찬장
- □ split 찢어지다 (split-split-split)
- □ hailstorm (우박을 동반한) 폭풍
- □ tumble down the stairs
  계단에서 굴러 떨어지다〔구르다〕
- □ at the bottom of …의 밑에

Check-up Time!

● **WORDS**

빈칸에 알맞은 단어를 고르세요.

1 Thousands of children die of ________ every year in Africa.
a. starvation   b. argument   c. supply

2 She tried to ________ the bag with her coat.
a. tumble   b. annoy   c. conceal

3 It is hard to ________ everyone well.
a. complain of   b. get along with   c. end up in

4 She doesn't drive cars anymore after the ________ accident.
a. stiff   b. lovely   c. dreadful

● **STRUCTURE**

괄호 안의 두 단어 중 맞는 것에 동그라미 하세요.

1 I played the game, (that / which) was interesting.

2 We are going to take turns (read / to read) the book.

3 The doctor insisted that Tom (stay / stays) in hospital for a few days.

4 Everybody looked sorry (for / from) the beggar on the street.

ANSWERS

Words | 1. a 2. c 3. b 4. c
Structure | 1. which 2. to read 3. stay 4. for

● COMPREHENSION

다음 질문에 알맞은 답을 고르세요.

1 Why didn't people help Anne's family carry all their luggage in the streets?

a. Because it was raining heavily.

b. Because Anne's family was wearing yellows stars.

2 Who slept in the kitchen in the Secret Annexe?

a. Mr. and Mrs. van Daan

b. Anne's Daddy and Mummy

● SUMMARY

빈칸에 맞는 말을 골라 이야기를 완성하세요.

Anne and her family moved into a "Secret Annexe" in her father's office building. It was (   ) behind a gray door. Another family, the van Daans with their son Peter, arrived. Anne often (   ) with her mother and thought that they couldn't understand each other. She also didn't like Mrs. van Daan who (   ) her at mealtimes. She heard the horrible news that her Jewish friends were being taken away. They were sent to a concentration camp in cattle-trucks and could be (   ).

a. argued   b. gassed   c. criticized   d. hidden

ANSWERS

Comprehension | 1. b 2. a   Summary | d, a, c, b

Now There Are Eight!

이제 8명이야!

Tuesday, 10 November 1942

Dear Kitty,

Great news! We're planning to take another person into hiding with us. We always thought that there was enough room and food for one more person. We were only afraid of giving Mr. Kugler and Mr. Kleiman more trouble. But we hear the treatment of Jews is getting even worse, and Daddy wants to help someone else to escape. Daddy asked the two people who had to decide, and they thought it was an excellent plan.

"It is just as dangerous for seven as for eight," they said.

We tried to find a single person who would fit in well with our "family." Finally, we chose a dentist named Albert Dussel. His wife was out of the country when war broke out. He is known to be quiet and very nice. Miep knows him, so she will be able to make arrangements for him to join us. [1]

When he comes, Mr. Dussel will have to sleep in

my room instead of Margot. So she will move into our parents' room.

I hope he can fix my teeth.

Yours, Anne

- □ take A into B A를 B에 받아들이다 〔B에서 지내게 하다〕
- □ be afraid of ...ing …하는 것을 걱정하다, 두려워하다
- □ treatment 대우
- □ get even worse 훨씬 더 나빠지다
- □ fit in well with …와 잘 어울리다
- □ out of the country 국외의, 나라를 벗어난
- □ break out 발발〔발생〕하다
- □ fix 치료하다, 고치다

1 **make arrangements for + 목적어(A) + to + 동사원형(B)** A가 B하도록 준비하다
She will be able to make arrangements for him to join us.
그녀는 그가 우리와 합류하도록 준비할 수 있을 거야.

Thursday, 19 November 1942

Dear Kitty,

Mr. Dussel is a nice man, just as we had imagined. Of course, he didn't mind sharing a room with me. Honestly, I'm not so happy about it, but there's a war on and I have to give up something.

Daddy said, "If we can save just one of our friends, then everything else is of secondary importance."

And he's right!

On his first day here, Mr. Dussel asked lots of questions. For example — when does the cleaning lady come? What time can he use the bathroom and toilet? You may laugh, but these things are not so simple to organize in a hiding place. During the day we must not make any noise. If there is a stranger such as the cleaning lady downstairs, we have to be extra careful. I explained all this carefully to Mr. Dussel. But one thing amazes me. He asks everything twice and still seems to forget what we have told him. Maybe he's upset by the sudden change.

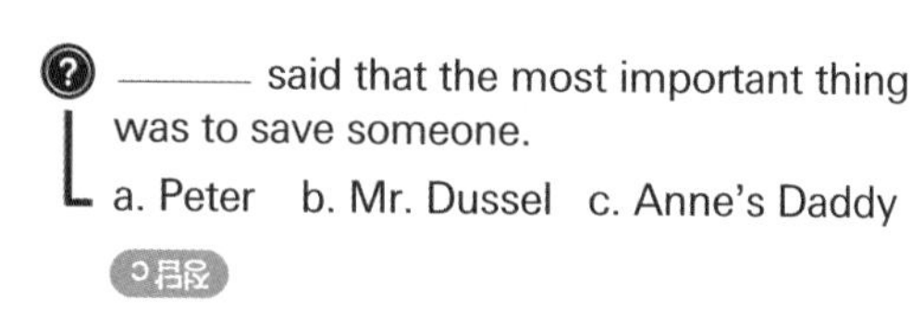

?
_____ said that the most important thing was to save someone.
a. Peter b. Mr. Dussel c. Anne's Daddy

□ mind ...ing …하는 것을 신경쓰다〔싫어하다〕
□ share A with B A를 B와 공유하다
□ honestly 솔직히 말해서
□ there's ... on …가 진행 중이다
□ give up 포기하다
□ of secondary importance 둘째로〔2차적으로〕 중요한
□ organize 정리하다, 체계화하다
□ such as …와 같은, 예를 들어
□ amaze 몹시 놀라게 하다
□ upset 혼란스러운, 당황한

Mr. Dussel has told us a lot about the outside world. Night after night, German soldiers drive around the streets, looking for Jews to arrest. They knock on doors looking for Jewish families. And they pay people for information about Jews' hiding places. In the evenings, when it's dark, we often see lines of men, women, and children, walking to their death.

We are lucky here. But I'm not sleeping very well. I have nightmares about the fate of our dearest friends. And all because they are Jews!

Yours, Anne

Thursday, 10 December 1942

Dear Kitty,

Mr. Dussel has been checking our teeth. Mrs. van Daan wasn't happy when he tried to fix one of hers. She yelled and waved her arms about! Then [1] Mr. Dussel's probe got stuck in her tooth. So she pulled and pulled until it eventually came out. We laughed so much that our stomachs were sore. [2] I don't think Mrs. van Daan will want Mr. Dussel to look at her teeth again!

Yours, Anne

- □ night after night 매일 밤, 밤마다
- □ arrest 체포하다
- □ pay A for B A에게 B에 대한 대가를 지불하다
- □ have a nightmare 악몽을 꾸다
- □ fate 운명, 숙명
- □ dearest 사랑하는, 아주 가까운
- □ probe 치주 탐침
- □ get stuck in …에 끼이다
- □ eventually 결국, 드디어
- □ come out (이 · 박힌 것 등이) 빠지다
- □ sore 아픈

1 **wave ... about** …을 흔들다(휘두르다)
She yelled and waved her arms about!
아줌마는 소리지르고 팔을 흔들어댔어!

2 **so + 부사(A) + that절(B)** 너무나 A해서 B하다
We laughed so much that our stomachs were sore.
우리는 너무 많이 웃어서 배가 아팠어.

Wednesday, 13 January 1943

Dear Kitty,

Terrible things are happening on the streets. Helpless Jewish families are being separated. Sometimes when children come home from school, their parents have disappeared. Women return from shopping to find their houses sealed and their families gone. The Dutch people are also afraid because their sons are being sent to Germany.

Everyone is frightened. Hundreds of planes fly overhead each night, on their way to drop bombs on Germany! It seems the whole world is at war, and we don't know when it will end.

We feel lucky to have this place to stay. It is quiet and safe here, and we have money to buy the food we need. We talk about what will happen "after the war" and think about new clothes and shoes.

We are selfish, I know. But I feel sad when I think of all the suffering outside. Through the window, we watch children begging for food. Is there no end to this misery?

Yours, Anne

- □ helpless 무력한, 의지할 데 없는
- □ be separated 헤어지게 되다, 생이별하다
- □ seal (입구 · 건물 등을) 봉쇄하다
- □ frightened 깜짝 놀란, 겁이 난
- □ overhead 머리 위에, 하늘 높이
- □ drop a bomb 폭탄을 투하하다
- □ selfish 이기적인
- □ suffering 고통, 고난
- □ beg for …을 구걸하다
- □ misery 고통, 괴로움

1 **find + 목적어(A) + 과거분사(B)** A가 B되어진 것을 알게 되다〔발견하다〕

Women return from shopping to find their houses sealed and their families gone.

여자들은 장을 보고 돌아와서 자신들의 집이 봉쇄되고 가족이 사라져 버린 것을 알게 돼.

Mini-Lesson

See p. 114

결과를 나타내는 to 부정사

Women return from shopping to find their houses sealed and their families gone. '여자들은 장을 보고 돌아와서 자신들의 집이 봉쇄되고 가족이 사라져 버린 것을 알게 돼.' 에서 to find는 동사 return에 이은 결과를 나타내는 것으로 '…해서 ~하다' 로 해석한답니다.

- She grew up to be a famous pianist. 그녀는 자라서 유명한 피아니스트가 되었어.

Saturday, 27 February 1943

Dear Kitty,

You'd never guess what has happened to us now. The owner of this building has sold it without telling Mr. Kugler and Mr. Kleiman. One morning the new owner arrived with an architect to have a look at the house. Luckily, Mr. Kleiman was present and showed the gentlemen everything except the Secret Annexe.

It will be all right as long as they don't come[1] back and find the Secret Annexe.

Yours, Anne

- □ architect 건축사, 건축 기사
- □ present (사람이) 있는, 존재하는
- □ burglar (주거 침입) 강도
- □ stores (식품 등의) 저장, 비축
- □ a pack of 한 무리의, 한 떼의
- □ accidentally 우연히, 뜻하지 않게
- □ bite 물다, 물어뜯다 (bite-bit-bitten)
- □ nearly 하마터면 (거의) …할 뻔하여
- □ fall off …에서 떨어지다 (fall-fell-fallen)
- □ ladder 사다리
- □ in fright 놀라서, 두려워서

1 **as long as** …하는 한, …하기만 하면
It will be all right as long as they don't come back and find the Secret Annexe. 그들이 다시 돌아와서 은신처를 찾지 않는 한 괜찮을 거야.

Wednesday, 10 March 1943

Dear Kitty,

Mrs. van Daan keeps hearing noises at night, and it makes her nervous. She thinks burglars are getting in to steal our food stores. A few nights ago, she heard strange noises, so she woke Peter. He went to the attic and discovered something running away. It was a pack of huge rats! Then poor Peter accidentally put his hand on a large rat! It bit him, and he nearly fell off the ladder in fright!

Now we let Mouschi sleep up there every night. And we haven't heard any more rats at night.

Yours, Anne

Friday, 2 April 1943

Dear Kitty,

Last night I upset Mummy. I was lying in bed yesterday evening waiting for Daddy to come and say my prayers with me. Then Mummy came into my room, sat on my bed, and asked very nicely.

"Anne, Daddy isn't ready. Shall I say your prayers with you tonight?"

"No, Mummy," I answered.

Mummy got up, stood by my bed for a moment and walked slowly towards the door. Suddenly she turned around and said, "I don't want to be angry with you. Love cannot be forced."

There were tears in her eyes as she left the room.

I know I shouldn't have been so cruel, but I couldn't help it. The truth is that she herself pushed me away. She made cruel comments and jokes, which I don't find at all funny.[1] Now I find it hard to feel any love for her.

I feel sorry for Mummy, but I won't apologize to her because I told the truth.

Yours, Anne

- □ say one's prayers 기도하다
- □ turn around 뒤돌아보다
- □ force 강요하다
- □ cruel 무정한, 잔인한; 괴로운
- □ can't help it 어쩔 수가 없다
- □ push ... away …을 밀어내다
- □ comment 말, 지적, 비판
- □ apologize to …에게 사과하다

1 **not at all ...** 전혀(조금도) …하지 않다
She made cruel comments and jokes, which I don't find at all funny. 엄마는 듣기 괴로운 지적이나 농담을 하시는데, 나는 그게 전혀 재미있지 않아.

Mini-Lesson

shouldn't have + p.p: …하지 말았어야 했다

'…하지 말았어야 했다' 처럼 과거에 했던 일에 대한 후회나 유감을 나타내고 싶을 때는 「shouldn't have + p.p」를 쓰면 된답니다.

- I know I shouldn't have been so cruel, but I couldn't help it.
  내가 그렇게 무정하게 하지 말았어야 했다는 걸 알지만 나도 어쩔 수가 없었어.
- You shouldn't have told the secret. 너는 그 비밀을 말하지 말았어야 했어.

Tuesday, 27 April 1943

Dear Kitty,

The Annexe is no longer a nice place to live. Everyone is always quarreling: Mummy and I, Mr. van Daan and Daddy, Mummy and Mrs. van Daan! The atmosphere is terrible!

There are more and more air raids and bombings on German towns every night. We don't have a single quiet night as the planes fly overhead. Nobody sleeps anymore. I've got dark rings under my eyes from lack of sleep.

Our food is miserable. We have dry bread and coffee for breakfast. For the last two weeks, we have had spinach or lettuce for dinner. Our potatoes have gone bad. Whoever wants to lose weight could stay in the Secret Annexe.

Yours, Anne

- □ quarrel 말다툼하다, 싸우다
- □ atmosphere 분위기
- □ air raid on …에 대한 공습
- □ single (부정문에서) 단 하나도 …않다
- □ get dark rings under one's eyes …의 눈 아래 검은 그늘이 생기다
- □ from lack of …의 부족〔결핍〕으로
- □ miserable 빈약한, 궁핍한
- □ spinach 시금치
- □ lettuce 상추, 양상추
- □ go bad 썩다, 나빠지다
- □ whoever …하는 사람은 누구나
- □ lose weight 체중을 감량하다, 살을 빼다
- □ pretend (that) …인 척하다

Saturday, 1 May 1943

Dear Kitty,

Yesterday was Mr. Dussel's birthday. He pretended that he didn't care. When Miep arrived with a bag of presents, he got really excited. He had chocolate, butter, oranges, and some books. But he wouldn't [1] share them with us. I know he already has lots of bread, cheese, jam, and eggs hidden in his cupboard.

I think that he's very selfish.

Yours, Anne

1 **would not** (과거의 강한 거절) …하지 않았다
He wouldn't share them with us.
그는 그것들을 우리와 나누려고 하지 않았어.

Check-up Time!

● WORDS

퍼즐의 빈칸에 들어갈 알맞은 철자를 써서 단어를 완성하세요.

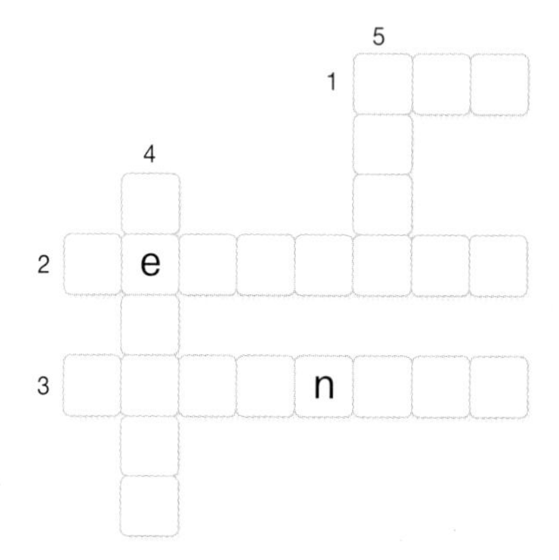

Across

1. 치료하다, 고치다
2. 무력한, 의지할 데 없는
3. 정리하다, 체계화하다

Down

4. 거의 …할 뻔하다
5. 운명, 숙명

● STRUCTURE

빈칸에 알맞은 형태의 단어를 골라 문장을 완성하세요.

1 You shouldn't have ________ her away.

a. push　　b. pushed　　c. pushing

2 The boy grew up ________ a great scientist.

a. be　　b. being　　c. to be

3 She got home and found the room ________.

a. cleaned　　b. to clean　　c. cleaning

ANSWERS

Words | 1. fix 2. helpless 3. organize 4. nearly 5. fate

Structure | 1. b 2. c 3. a

● COMPREHENSION

은신처 밖에서 일어나고 있는 상황에 모두 V 표 하세요.

1 Night after night, soldiers knocked on every door asking if any Jews lived there. ☐

2 Women and children weren't arrested by soldiers. ☐

3 The air raids and bombings started to disappear. ☐

4 People who told soldiers where to find Jews were paid for the information. ☐

● SUMMARY

빈칸에 맞는 말을 골라 이야기를 완성하세요.

Mr. Dussel, the (   ) became the eighth person to hide in the Annexe. Anne had to share her bedroom with him. The people in the Annexe quarreled with one another. Anne also hurt her (   )'s feelings by refusing to pray with her. Everyone couldn't sleep because of the (   ). From lack of (   ), they ate dry bread and coffee for breakfast, spinach and lettuce for dinner.

a. food b. dentist

c. air raids d. mother

ANSWERS

Comprehension | 1. ✓ 4. ✓ Summary | b, d, c, a

Focus on Background

안네는 나치 독일의 유대인 탄압에 대한 두려움과 반감을 자신의 일기 곳곳에 표현했습니다. 그들은 도대체 유대인에게 어떠한 만행을 저질렀던 것일까요?

THE HOLOCAUST

대학살

"Once I really am in power, my first and foremost task will be the annihilation of the Jews." – *Adolf Hitler*

The Holocaust began in 1933 when Hitler came to power in Germany. He immediately activated his plan to destroy the Jews, as well as disabled people, Gypsies, and Poles. Hitler's reign of terror ended in 1945 when the Allied Troops defeated his Nazi Army. Life in concentration camps, like Auschwitz, was horrific for the prisoners. They were starved, tortured, and forced to do hard physical labor. Deaths from diseases such as cholera and typhoid were common. Thousands of prisoners were herded into large, windowless buildings where they were

gassed to death. The Nazis sold all the prisoners' possessions to fund their war effort. 11 million people were killed during the Holocaust. 6 million of these were Jews. An estimated 1.1 million children were murdered.
We must never forget the horrors of the Holocaust. It warns us about the dangers of hatred and intolerance toward others.

"내가 권력을 가지게 되면, 첫 번째로 수행할 과제는 유대인을 전멸시키는 것이다." – *아돌프 히틀러*
대학살은 히틀러가 독일에서 권력을 장악한 1933년에 시작되었습니다. 그는 장애인, 집시, 폴란드인을 비롯하여 유대인까지 파멸시키는 계획을 바로 실행에 옮겼습니다. 그리고 히틀러의 공포 정치는 연합군이 나치 군대를 패배시킨 1945년에 끝이 나게 되지요. 아우슈비츠와 같은 포로수용소에서 수용자들의 삶은 끔찍했습니다. 그들은 굶주리고 고문당하고 가혹한 육체 노동을 하도록 내몰렸으며, 콜레라와 장티푸스와 같은 질병으로 죽는 것은 흔한 일이었습니다. 수많은 수용자들은 무리를 이뤄 창문이 없는 큰 건물 안으로 들여 보내져 독가스로 처형되었습니다. 나치는 전쟁에 필요한 돈을 마련하기 위해 수용자들의 소유물을 팔기도 했지요. 1,100만 명의 사람들이 대학살 때 죽음을 당했고, 그 중 600만 명은 유대인이었습니다. 110만 명의 어린이들이 살해된 것으로 추정됩니다.
우리는 결코 대학살의 참상을 잊어서는 안됩니다. 우리에게 다른 민족에 대한 증오와 편협의 위험성을 경고하고 있기 때문입니다.

War and Winter – Let Me Out!

전쟁과 겨울 – 날 내보내 줘!

Sunday, 13 June 1943

Dear Kitty,

Yesterday was my fourteenth birthday. Daddy wrote a funny poem for me. The poem is too good to keep to myself. So here's part of it:

You are the youngest, but small no more,
Your life now is trying, that's for sure.
We are your teachers; what a terrible bore!
"We've got experience! Take it from me!
We've done this all before, you see."
When living with us old folk, all you can do,
Is, listen to us always; it's hard but true!
You read and study most of the day,
Determined to chase the boredom away.
But the hardest question you have to bear
Is, "What on earth do I have to wear?" [1]

Don't you think my birthday poem is good?

I did get some other lovely presents. I had a big book of Greek and Roman stories and sweets from everyone.

Yours, Anne

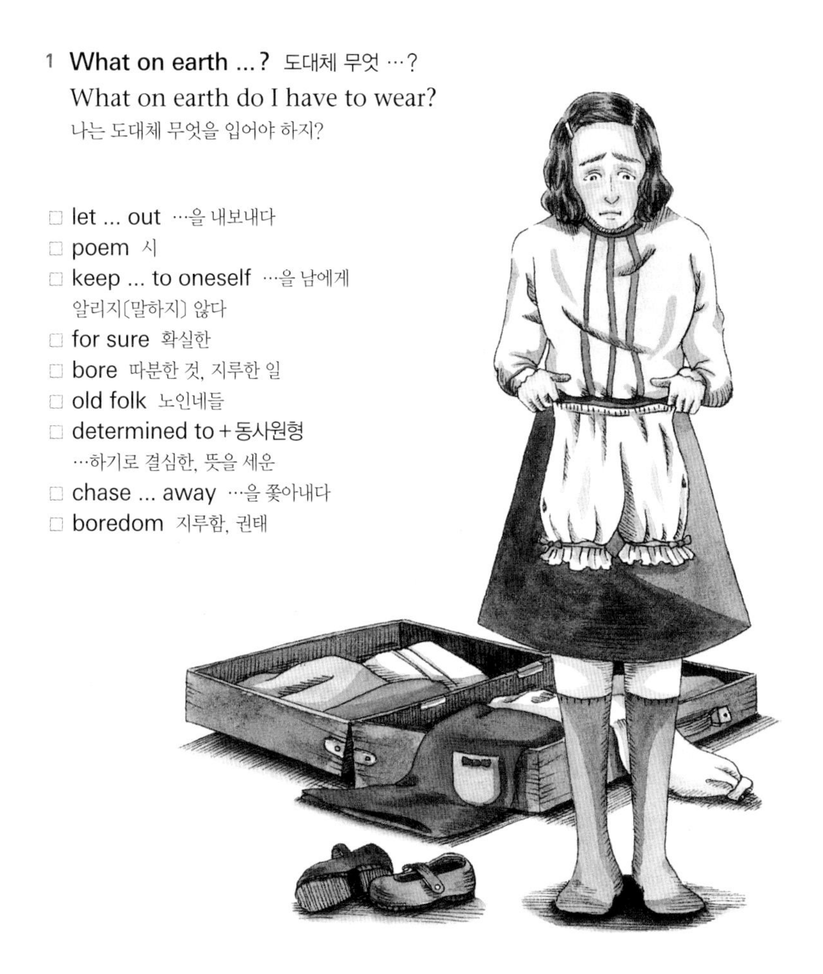

1 **What on earth ...?** 도대체 무엇 …?
What on earth do I have to wear?
나는 도대체 무엇을 입어야 하지?

- □ let ... out …을 내보내다
- □ poem 시
- □ keep ... to oneself …을 남에게 알리지〔말하지〕 않다
- □ for sure 확실한
- □ bore 따분한 것, 지루한 일
- □ old folk 노인네들
- □ determined to + 동사원형 …하기로 결심한, 뜻을 세운
- □ chase ... away …을 쫓아내다
- □ boredom 지루함, 권태

Monday, 19 July 1943

Dear Kitty,

Last night the northern part of Amsterdam was bombed. Whole streets were reduced to rubble. People are searching the ruins for their families. [1] There are 200 dead so far, and hundreds more are hurt. The hospitals are full. You hear of children lost in the ruins, looking for their parents. I tremble when I recall the crash, which for us marked the approaching destruction.

Yours, Anne

Friday, 23 July 1943

Dear Kitty,

Just for fun I'm going to tell you what each person wants to do first when we can go outside.

Margot and Mr. van Daan both want to have a hot bath that they can stay in for half an hour. Mrs. van Daan wants to go and eat cream cakes immediately. Mr. Dussel thinks of nothing but seeing his wife. Mummy would like a real cup of [2] coffee, and Daddy wants to visit Mr. Voskuijl, Bep's father, who is in hospital. Peter would go to the cinema, and I'd like to be at school again.

Yours, Anne

- ☐ northern 북부의, 북쪽에 위치한
- ☐ be bombed 폭격당하다
- ☐ be reduced to rubble 폐허가 되다, 산산조각 나다
- ☐ ruins 폐허
- ☐ tremble 떨리다, 벌벌 떨다
- ☐ recall 상기하다, 생각해 내다
- ☐ crash (무너지거나 충돌할 때 나는) 요란한 소리, 굉음
- ☐ mark 예고하다, 보여주다
- ☐ approaching 다가오는
- ☐ destruction 파괴, 멸망

1 **search + 장소(A) + for + 명사(B)** B를 찾기 위해 A를 뒤지다[수색하다]
People are searching the ruins for their families.
사람들은 가족을 찾기 위해 폐허를 뒤지고 있어.

2 **think of nothing but ...ing** …하는 것 외에는 아무것도 생각하지 못하다
Mr. Dussel thinks of nothing but seeing his wife.
뒤셀 씨는 부인을 만나는 것 외에는 아무것도 생각하지 못해.

Monday, 26 July 1943

Dear Kitty,

There were more terrible bombings yesterday. It started about two-thirty in the afternoon. The sky was raining bombs most of the day and night. The house shook when they fell. We could smell the thick smoke from the burning houses. At midnight, more planes flew over Amsterdam.

The planes stopped coming, and the gunfire died away at about two o'clock in the morning. I finally fell asleep at half past two. [1]

I woke up at seven o'clock. Mr. van Daan was with Daddy. Burglars was my first thought. I heard Mr.

van Daan say "everything." I thought that everything had been stolen. But no, this time it was wonderful news. Mussolini★ has resigned, and the King of Italy has taken over the government. We jumped for joy. After the terrible day yesterday, we can now hope for an end to the war and for peace.

이탈리아의 정치가. 국가 절대 우위 사상을 가진 독재자의 대표적인 인물이랍니다.

Mr. Kugler told us that the German aircraft factory has been badly damaged. Meanwhile, we had another air-raid alarm this morning. More planes flew overhead. More alarms sounded. I'm sick of alarms, and I don't feel like working. But the news about [2] Italy makes us hope that the war will end soon.

Yours, Anne

- □ bombing 폭격, 폭탄 투하
- □ thick (안개 · 연기 등이) 짙은, 자욱한
- □ gunfire 포격, 발포
- □ die away (소리 등이) 점점 약해지다
- □ resign 사임하다, 사직하다
- □ take over 인수하다, 인계 받다
- □ government 정부
- □ hope for …을 바라다〔희망하다〕
- □ aircraft factory 항공기 제조 공장
- □ be badly damaged 심하게 파괴되다, 〔손상되다〕
- □ meanwhile 그동안〔사이〕에
- □ air-raid alarm 공습 경보
- □ be sick of …에 넌더리나다

1 **분 + past + 시** …시 (지난) ~분

I finally fell asleep at half past two.
나는 결국 2시 30분에 잠이 들었어.

2 **feel like ...ing** …하고 싶다

I'm sick of alarms, and I don't feel like working.
나는 경보에 넌더리가 나고 공부하고 싶지도 않아.

Friday, 10 September 1943

Dear Kitty,

Every time I write to you, Kitty, something special happens. Usually it's terrible news, but this time it's wonderful news! The British are now in Naples in southern Italy, although the Germans are still in the north. And Italy has surrendered.

But there has also been some bad news too. Mr. Kleiman had a big stomach operation. He will be in hospital for four weeks. You really should have seen how he said goodbye to us — he just looked like he was going shopping as usual.

Yours, Anne

- □ the British 영국군
- □ southern 남쪽의, 남쪽에 위치한
- □ have an operation 수술을 받다
- □ relation (사람과의) 관계
- □ all the time 계속, 늘
- □ valerian 정신 안정제
- □ pill 알약
- □ depression 우울, 의기소침
- □ miserable 비참한, 불쌍한
- □ warehouseman 창고 관리인
- □ suspicious about …에 대해 의혹을 갖는, 수상쩍어 하는

1 **be terrified by** …때문에 두려움에 떨다
The others are terrified by thoughts of the approaching winter.
다른 사람들은 다가오는 겨울에 대한 생각 때문에 두려움에 떨고 있어.

Thursday, 16 September 1943

Dear Kitty,

Relations between us here are getting worse all the time. At mealtimes, nobody opens his mouth except to eat food. I take valerian pills every day to fight the worry and depression, but I'm still miserable. A good laugh would help more than ten pills, but we've almost forgotten how to laugh. The others are terrified by thoughts of the approaching winter. [1]

And there is one more reason for us being nervous. Mr. van Maaren, the warehouseman, is becoming suspicious about the Secret Annexe.

Yours, Anne

Friday, 29 October 1943

Dear Kitty,

Mr. and Mrs. van Daan had another big argument because they have no money. Mr. van Daan sold his wife's best winter coat. Mrs. van Daan wanted to keep the money for new clothes after the war. But Mr. van Daan wants to use it to buy things for the Annexe. You can't possibly imagine the yells [1] and screams. It was frightening.

- □ frightening 무서운
- □ on the whole 대개, 대체로
- □ appetite 식욕
- □ nerves 신경과민
- □ bother 괴롭히다
- □ deathly 죽은 듯이
- □ be pulled down into …안으로 끌어 내려지다, 끌려 들어가다
- □ wander (정처 없이) 돌아다니나, 헤매다
- □ caged bird 새장에 갇힌 새

All goes fine with me on the whole, except that I have no appetite. My nerves often bother me, especially on Sundays. Sundays are the worst days in here. It's deathly quiet! I feel like I'm being pulled down into hell.

At such times Daddy, Mummy and Margot leave me alone. I wander from one room to another, downstairs and up again, feeling like a caged bird. A voice inside me keeps crying, "Let me out!" But [2] I know I can't go outside. So I usually lie down and sleep. Sleep makes time go faster in here.

Yours, Anne

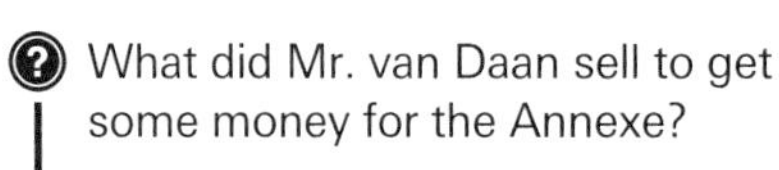

What did Mr. van Daan sell to get some money for the Annexe?

a. His wife's coat
b. His new clothes
c. His wife's wedding ring

1 **can't possibly + 동사** 도저히 (아무리 해도) …할 수 없다
You can't possibly imagine the yells and screams.
너는 그 고함 소리와 날카로운 소리를 도저히 상상할 수 없을 거야.

2 **keep (on) ...ing** 계속해서 …하다
A voice inside me keeps crying, "Let me out!"
내 안의 목소리가 계속해서 "나를 꺼내줘!"라고 소리쳐.

Wednesday, 22 December 1943

Dear Kitty,

I've had such a bad flu that I couldn't write to [1] you. It's terrible being ill here. I crawled under the blankets when I wanted to cough, and tried not to make a noise.

They've tried so many cures on me: sweating, hot wet cloths on my chest, hot drinks, gargling, lying still and a hot-water bottle for extra warmth!

Finally, I'm better. I've grown one centimeter and gained two pounds. I'm pale but healthy enough to get back to my books.

There is not much news to tell you. We are all getting on well together for a change! There's no [2] quarreling — we haven't had such peace in the home for at least half a year.

- □ have a bad flu 독감에 걸리다
- □ crawl 기어가다
- □ cough 기침하다
- □ try A on B (좋은지 보려고) A를 B에 해 보다
- □ cure 치료(법)
- □ sweating 땀내기
- □ gargling 양치질 (하기)
- □ still 정지한, 움직이지 않는
- □ gain (무게 · 체중 등을) 늘리다, 쌓다
- □ pale (얼굴이) 창백한, 핼쑥한
- □ get on well 사이 좋게 지내다
- □ quarreling 언쟁, 말다툼
- □ brooch 브로치
- □ porridge 포리지 (오트밀에 우유 또는 물을 넣어 만든 죽)
- □ fondant 퐁당 (설탕을 이겨 크림처럼 만든 과자)

We received extra oil, sweets, and syrup for Christmas. I got a beautiful shiny brooch.

Mr. Dussel gave Mummy and Mrs. van Daan a lovely cake. I also have something for Miep and Bep. For two months I have saved the sugar from my porridge. I'll use it to make fondants for them, with Mr. Kleiman's help, of course. I hope they enjoy my present.

Yours, Anne

1 **such + (a) + 명사(A) + that절(B)** 너무 (몹시) A해서 B하다
I've had such a bad flu that I couldn't write to you.
나는 너무 지독한 독감에 걸려서 너에게 글을 쓸 수가 없었어.

2 **for a change** 여느 때와 달리
We are all getting on well together for a change!
우리는 여느 때와 달리 모두 사이 좋게 지내고 있어!

Check-up Time!

● **WORDS**

빈칸에 알맞은 단어를 고르세요.

1 There are more than ten people alive in the ________.
a. bore　　b. ruins　　c. pill

2 There is something ________ about the man.
a. thick　　b. still　　c. suspicious

3 The patient has a ________ pale face. He must be sick.
a. deathly　　b. easily　　c. eventually

● **STRUCTURE**

괄호 안의 단어를 알맞게 배열해 문장을 다시 쓰세요.

1 He thought of (making, nothing, but) money.

________________________________.

2 The news was (a great shock, that, such) his face turned white.

________________________________.

3 I searched (my pockets, some coins, for).

________________________________.

ANSWERS

Words | 1. b　2. c　3. a　**Structure** | 1. He thought of nothing but making money　2. The news was such a great shock that his face turned white　3. I searched my pockets for some coins

● COMPREHENSION

본문의 내용과 일치하면 T에, 일치하지 않으면 F에 표시하세요.

		T	F
1	Mr. Dussel planned to go and see his wife after the war.	☐	☐
2	Italy surrendered when the Germans were still in Italy.	☐	☐
3	For Christmas, Miep made fondants for Anne.	☐	☐

● SUMMARY

빈칸에 맞는 말을 골라 이야기를 완성하세요.

> Anne's fourteenth birthday was celebrated with some gifts from the people in the Annexe. She also received (   ) from her father. Although there was a war on outside, Anne dreamed that she would return to school after the war. And the news that Mussolini had (   ) and Italy had surrendered gave her hope for peace. Every day Anne took valerian pills to calm her (   ). She felt like a caged bird and wanted to go out. At such times she (   ) a lot, and it helped make the time go faster.

a. a poem　　b. slept

c. nerves　　d. resigned

ANSWERS

Comprehension | 1. T 2. T 3. F　Summary | a, d, c, b

Peter and Me

페터와 나

Thursday, 6 January 1944

Dear Kitty,

My longing for someone to talk to has become intense. And I choose Peter to trust. I think I'll see if Peter wants to be my friend. I tried to think of an excuse to stay in his room and get him talking. [1]

Yesterday my chance came. I helped him with some crossword puzzles, and we sat opposite each other at his little table. But when I looked into his dark blue eyes, I couldn't speak. I had butterflies in my stomach.

I don't want you to think that I'm in love with Peter.

- □ longing for …에 대한 열망(갈망)
- □ intense 강렬한, 격렬한
- □ see if절 …인지 아닌지 알아보다
- □ excuse 구실, 핑계
- □ help A with B A가 B하는 것을 돕다
- □ sit opposite 마주보고 앉다
- □ have butterflies in one's stomach 가슴이 두근거리다, 떨리다
- □ be in love with …와 사랑에 빠지다
- □ make friends with …와 친구가 되다

1 **get + 목적어(A) + ...ing(B)** A가 B하도록 하다
I tried to think of an excuse to stay in his room and get him talking. 나는 그의 방에 머무르면서 그가 말을 하도록 할 구실을 생각해내려고 노력했어.

Because I'm not! If the van Daans had had a daughter instead of a son, I would have tried to make friends ☀ with her. I don't think Peter knows I want to be his friend. So it looks like I'll have to ask him. If I spend more time with him, perhaps he will talk to me!

Yours, Anne

Mini-Lesson

가정법 과거완료

'만약 …이었다면, ~했을 것이다'라고 과거의 사실과 반대되는 상황을 가정할 경우 가정법 과거완료 구문 「If + 주어 + had+ p.p, 주어 + would/could/might + have + p.p」을 쓴답니다.

- If the van Daans had had a daughter instead of a son, I would have tried to make friends with her.
  만약 반 단 아저씨 부부에게 아들 대신 딸이 있었다면, 나는 그 애와 친구가 되려고 노력했을 거야.

Sunday, 13 February 1944

Dear Kitty,

To my great joy, this morning I noticed that Peter kept looking at me all the time. But it wasn't an ordinary look! I don't know what it was, and I can't explain it! I thought that Peter liked Margot, but yesterday I suddenly had the feeling that I was wrong.

All day long I made a special effort not to look at [1] him too much, because whenever I did, I saw him looking at me. Oh, it gave me a lovely feeling inside. But I mustn't feel it too often.

Yours, Anne

- ☐ to one's great joy (…가) 매우 기쁘게도
- ☐ notice (that) …을 눈치채다
- ☐ ordinary 보통의, 일상적인
- ☐ all day long 하루 종일
- ☐ whenever …할 때마다
- ☐ chat about …에 대해서 이야기하다
- ☐ all sorts of 온갖 종류의
- ☐ grow to + 동사원형 (차차) …하게 되다
- ☐ hug 꼭 껴안다
- ☐ affection 애정, 호의

1 **make a special effort not to + 동사원형** …하지 않기 위해 특별히 노력하다
I made a special effort not to look at him too much.
나는 그를 너무 많이 보지 않기 위해 특별히 노력했어.

Wednesday, 16 February 1944

Dear Kitty,

Today I went through Peter's room and up to the attic to get some potatoes. When I came back down, we sat and chatted about all sorts of things. Then he pointed to the picture of famous film stars that I'd given him. He liked it very much, so I offered to give him a few more.

"No, thanks," he said. "I don't need any more. I look at this one every day and imagine that the people in it have grown to be my friends."

Now I understand why he always hugs Moucshi. Peter is lonely and needs love and affection too.

Yours, Anne

What did Anne give to Peter?

a. Mouschi
b. potatoes
c. a picture

Wednesday, 23 February 1944

Dear Kitty,

It's lovely weather outside, and I feel happier. Nearly every morning I go to the attic where Peter works to get some fresh air. From my favorite spot on the floor I look up at the blue sky, the bare chestnut tree*, and the birds flying past.

* 안네에게 삶의 희망을 주었던 나무인데 2010년 8월, 폭풍우에 꺾여 부러지고 말았답니다.

This morning Peter stood against a thick beam, and I sat down. We breathed in the fresh air and looked outside.

It was so beautiful that we couldn't speak. We just sat in silence and remained like this for a long time.

"How can I be sad when we can see the sunshine and the cloudless skies?" I thought. "God wants us to see these things to help us through the bad times."

Yours, Anne

- □ spot 장소, 지점
- □ bare (나무 · 산 등이) 헐벗은
- □ chestnut tree 밤나무
- □ past (한 쪽에서 다른 쪽으로) 지나서
- □ stand against …에 기대어 서다
- □ beam 기둥
- □ breathe in …을 들이쉬다
- □ in silence 말없이, 조용히
- □ sunshine 햇빛
- □ cloudless 구름 없는, 맑게 갠
- □ help A through B A가 B를 이겨내도록 돕다

Saturday, 4 March 1944

Dear Kitty,

Today is the first Saturday for ages that I haven't been bored. Of course, it's because of Peter.

This morning Daddy gave Peter a French lesson, and I joined them. I was in the seventh heaven because I sat so very close to Peter. Afterwards we talked until lunchtime. At the end of each meal now, he always whispers, "Goodbye Anne, I'll see you later."

I must be the happiest girl alive! I wonder if he is[1] going to fall in love with me after all. Anyway, he is a very nice boy, and you can't imagine how good it is to talk to him.

Yours, Anne

- □ for ages 오랜만에
- □ in the seventh heaven 환희에 넘쳐, 더 없는 행복 속에
- □ afterwards 그 후에, 나중에
- □ wonder if절 …인지 아닌지 궁금하다
- □ after all 결국, 마침내
- □ in charge of …을 맡고 있는(책임지는)
- □ supply A with B A에게 B를 공급하다
- □ pregnant 임신한

1 **형용사의 최상급(A) + 명사(B) + alive** (강조적으로) 이 세상에서 가장 A한 B
I must be the happiest girl alive!
나는 이 세상에서 가장 행복한 소녀임에 틀림없어!

Friday, 10 March 1944

Dear Kitty,

We've had bad news. Miep is sick, and Mr. Kleiman is still too ill to return to work. Now Bep is in charge of the office, and she is trying to help us as much as she can. But it's very difficult for her.

And the police have arrested the man who supplies us with potatoes, butter, and jam. It's terrible for us, but even worse for his pregnant wife and five young children.

Yours, Anne

? What did the man who was arrested deliver to the Annexe?
a. food b. books c. games

Mini-Lesson

서수 다음에 오는 관계대명사 that

관계대명사 앞에 오는 선행사에 서수가 있을 경우 관계대명사는 that을 써야 합니다.

- Today is the first Saturday for ages that I haven't been bored.
  오늘은 오랜만에 내가 지루하지 않았던 첫 번째 토요일이었어.
- She was the second student that solved the puzzle. 그녀는 그 퍼즐을 푼 두 번째 학생이었어.

Thursday, 16 March 1944

Dear Kitty,

The weather is so gorgeous today that I can't describe it. I'll be going up to the attic soon.

Now I know why I'm more restless than Peter. He has his own space where he can do what he likes. I'm never alone, and I have to share my space with Mr. Dussel! That's why I escape to the attic where I can be alone with my thoughts and you Kitty. I don't want to complain, on the contrary, I want to be brave!

Thank goodness the others don't know how I feel. But they might notice that I'm cool toward Mummy. I'm not so affectionate with Daddy anymore, and I [1] don't tell Margot anything. I'm completely closed up.

Yes, Kitty, Anne is an odd child. But I live under crazy circumstances and in crazy times!

It's so good to write down all my thoughts and feelings. Otherwise, I would go mad. I wonder what Peter thinks about all these things. I keep thinking that I will talk to him about it one day. But how could Peter, who loves peace and quiet, like me?

Yours, Anne

- □ gorgeous 멋진, 훌륭한
- □ restless 침착하지 못한, 가만히 못 있는
- □ complain 불평하다
- □ on the contrary 그와는 반대로
- □ be cool toward …에게 쌀쌀맞게 대하다
- □ completely 완전히, 완벽하게
- □ be closed up 폐쇄적으로 되다
- □ odd 이상한
- □ under ... circumstances …한 상황〔환경〕에서
- □ otherwise 그렇지 않으면(= if not)
- □ go mad 미치다

1 **be affectionate with** …에게 다정하다〔살갑게 대하다〕
I'm not so affectionate with Daddy anymore.
나는 더 이상 아빠에게 그렇게 다정하지도 않아.

Tuesday, 28 March 1944

Dear Kitty,

Mummy wants me to stop visiting Peter so often. She said Mrs. van Daan was jealous. I asked Daddy if I had to take any notice of Mrs. van Daan's jealousy, and he said he didn't think so.

I think Mummy is secretly jealous too! She says Peter is in love with me because he keeps on looking at me. Oh, I hope it is true! Then it would be a lot easier for us to get to know each other.

I want to stay friends with Peter, even though we

fight sometimes. He looks like a child when he rests his head on his arms [1] and closes his eyes. When he carries the heavy bags of potatoes, he is strong. When he watches the air raids or checks the building for burglars, he is brave. And when he doesn't know how to behave, he is sweet.

I want to have a closer relationship with Peter. What do we care about our mothers? [2]

Yours, Anne

- □ stop ...ing …하는 것을 멈추다
- □ jealous 질투하는, 시샘하는
- □ take notice of …을 신경쓰다
- □ jealousy 질투, 시샘
- □ secretly (속으로) 남몰래
- □ get to+동사원형 …하게 되다
- □ even though 비록 …이지만
- □ behave 행동하다
- □ sweet 귀여운
- □ have a closer relationship with …와 더 가까운 관계가 되다

1 **rest one's head on one's arms** 팔베개를 하다
He looks like a child when he rests his head on his arms and closes his eyes. 그가 팔베개를 하고 눈을 감고 있을 땐 어린아이 같이 보여.

2 **What ... care about ~?** …가 ~에 대해서 신경 쓸 필요 없잖아?
What do we care about our mothers?
우리가 우리의 엄마들에 대해서 신경 쓸 필요 없잖아?

Wednesday, 29 March 1944

Dear Kitty,

I heard that Mr. Bolkestein, from the Dutch government, wanted to collect everyone's letters and diaries about the war when it is over. Of course, everyone in the Annexe immediately thought of my diary. Just imagine how interesting it would be if I were to publish a novel of the "Secret Annexe." People might think it's a detective story.

But seriously, ten years after the war people would be surprised to find out how we lived, ate, and talked as Jews in hiding. Although I tell you a lot, Kitty, you know very little about us. For instance, [1] how scared the ladies are during the air raids!

Just last Sunday, 350 British planes dropped their bombs on the nearby port of Ijmuiden. The locals said the houses trembled like grass in the wind. I would have to write all day to tell you everything that happens to us.

□ be over 끝나다
□ publish 출판하다, 발행하다
□ detective 탐정의
□ seriously 진지하게, 진정으로
□ for instance 예를 들어
□ nearby 근처의
□ port 항구
□ locals 지역 사람들, 주민들

Mini-Lesson

See p.115

If + 주어 + were to + 동사원형: (그럴 일은 없겠지만) 만약 …가 ~한다면

불가능하거나 실현 가능성이 희박한 일을 가정할 때는 「If + 주어 + were to + 동사원형, 주어 + would/could/might + 동사원형」을 쓰면 된답니다.

- Just imagine how interesting it would be if I were to publish a novel.
  만약 내가 소설을 출판한다면 얼마나 흥미로울지 상상해 봐.
- If I were to live my life again, I would be a soccer player.
  만약 내가 다시 태어난다면, 나는 축구 선수가 될 거야.

Everybody is hungry. A week's food ration only lasts two days. People queue all day for a few vegetables or a loaf of bread.

Doctors don't visit their patients anymore because their cars or bikes are stolen. Thieves are everywhere; some of them are only eight or nine years old. They break windows and steal whatever they can. People don't like to leave their houses anymore. If they do, they might find all their possessions gone when they return.

Men are being sent to Germany to work in the factories. Children are ill and unhealthily thin. And everyone is wearing old clothes and old shoes.

There is so much more to tell, but I don't have time. We are still waiting for the Allied invasion!

Yours, Anne

- □ ration 배급량, 할당량
- □ last 계속되다, 지속되다
- □ queue 줄지어 차례를 기다리다
- □ a loaf of 한 덩어리의
- □ whatever …하는 것은 무엇이든지
- □ possessions 소유물, 재산
- □ unhealthily 건강하지 못하게
- □ Allied (제 1 · 2차 대전시) 연합군의
- □ invasion 침입, 침공

Check-up Time!

• WORDS

빈칸에 알맞은 형용사를 보기에서 골라 써넣으세요.

bare	detective	intense	restless

1 The pain in my back became ________ after I lifted the heavy boxes.

2 I feel sad in winter when I see the ________ branches on the trees.

3 Most of the children were ________ and noisy during the concert.

4 He is a great reader of ________ novels.

• STRUCTURE

빈칸에 알맞은 것을 골라 문장을 완성하세요.

1 If the sun (were / were to) rise in the west, I would follow your opinion.

2 Our clock has stopped. Could you get the clock (go / going)?

3 I saw him lift up a huge stone. He must be (stronger / the strongest) man alive.

ANSWERS

Words | 1. intense 2. bare 3. restless 4. detective

Structure | 1. were to 2. going 3. the strongest

• **COMPREHENSION**

다음 질문에 알맞은 답을 고르세요.

1 Why was Bep in charge of the office for some time?

a. Miep and Mr. Kleiman were arrested.
b. Miep and Mr. Kleiman were too sick to work.

2 What is true about Holland?

a. Doctors could visit their patients safely.
b. Men were sent to the factories in Germany to work.

• **SUMMARY**

빈칸에 맞는 말을 골라 이야기를 완성하세요.

Anne and Peter became close friends. Anne often talked with him about all sorts of things. They spent time sitting in (   ) and looking outside from the attic. Anne became more (   ) and enjoyed living in the Annexe because of Peter. The grown-ups didn't like the (   ) between Anne and Peter. But Anne didn't care. One day, she heard that the Dutch government wanted to make a (   ) of letters and diaries after the war. She dreamed that her diary could be published.

a. silence
b. collection
c. cheerful
d. relationship

ANSWERS

Comprehension | 1. b 2. b Summary | a, c, d, b

D-day Is on Its Way!

공격개시일 다가오다!

Wednesday, 5 April 1944

Dear Kitty,

I'm not really interested in schoolwork anymore. The end of the war doesn't seem to be getting any closer. If it's not over by September, I won't go back to school. I don't want to be two years behind other children my age. [1]

On Saturday night, I felt terrible. I said my prayers and then lay down on the floor and cried. Just before ten o'clock, I climbed into bed. I did feel a little better by then.

And now I realize that I need to do my schoolwork to become a journalist because that's what I want! I know I can write. Some of my stories are good, and my diary is sometimes amusing.

I don't want to be like Mummy or Mrs. van Daan, and all the women who work and are then forgotten.

I want to have something besides a husband and children. I want something that I can devote myself to. I want to be useful and bring joy [2] into the lives of other people. So I'll go on trying to survive, and I'll never give up.

Yours, Anne

- □ D-day (군사) 공격개시일
- □ schoolwork 학교 공부, 학업
- □ lie down (자거나 쉬려고) 눕다 (lie-lay-lain)
- □ climb into …로 올라가다, 들어가다
- □ by then 그때쯤
- □ journalist 신문 기자, 언론인
- □ amusing 재미나는, 우스운
- □ besides …외에, …밖에
- □ bring joy into one's life …의 삶에 즐거움을 주다
- □ go on ...ing 계속해서 …하다
- □ survive 살아남다, 생존하다

1 **be A behind B** B보다 A만큼 뒤처지다〔뒤지다〕

I don't want to be two years behind other children my age.

나는 또래의 다른 아이들보다 2년이나 뒤처지고 싶지 않아.

2 **devote oneself to** …에 자신을 바치다, …에 전념하다

I want something that I can devote myself to.

나는 나 자신을 바칠 수 있는 무언가를 원해.

Mini-Lesson

강조의 do: 사실상, 정말로

문장에서 동사를 강조할 때 「do + 동사원형」의 형태를 써요. 이때 do는 원래 동사의 시제와 인칭에 일치시켜야 해요. 뜻은 '사실상, 정말로' 등으로 해석되지요.

- I did feel a little better by then. 나는 그때쯤 정말로 기분이 좀 나아졌어.
- He does play the guitar well. 그는 정말로 기타를 잘 쳐.

Tuesday, 2 May 1944

Dear Kitty,

Peter and I agreed that I should tell my father about us. So, on Saturday, I said, "Daddy, do you think it's wrong that Peter and I are so close?"

"No, I don't," he said. "But you have to be careful. Remember, when you are free, you see other boys and girls. You can get away sometimes, play games and do all kinds of other things. But here, you can't get away from each other. So don't take it too seriously."

Then he suggested I shouldn't visit Peter so often. But I still go because I want to.

Yours, Anne

Wednesday, 3 May 1944

Dear Kitty,

Our food supply is getting low. We've started eating only two meals a day. We have a cup of porridge in the morning. And all we have for dinner nowadays, is spinach or lettuce and rotten potatoes.

Why can't people live together peacefully? Why do governments spend millions on wars and nothing on medicine for the poor? Why must people go [1] hungry when there are mountains of food rotting away in other countries?

Every war will destroy all that we have carefully built up. Then humans will have to begin all over again.

Yours, Anne M. Frank

- □ get away (from) (…로부터) 벗어나다, 도망치다
- □ rotten 썩은
- □ peacefully 평화롭게
- □ the poor 가난한 사람들 (= poor people)
- □ mountains of 산더미 같은, 엄청난 양의
- □ rot away 썩어 없어지다
- □ destroy 파괴하다
- □ build up (재물 · 명성 등을) 쌓아 올리다
- □ human 인간
- □ all over again 처음부터 다시, 한 번 더

1 **spend A on B** B에 A를 쓰다 [들이다]
Why do governments spend millions on wars and nothing on medicine for the poor? 왜 정부는 전쟁에는 엄청난 돈을 쓰면서 가난한 사람들을 위한 의약품에는 한 푼도 쓰지 않는 걸까?

Monday, 22 May 1944

Dear Kitty,

The latest news is frightening. A lot of people, who were once on the Jewish side, are now against us. [1]

The Germans are torturing Jews to find out who has been helping them. And the Jews are giving the Germans the names of people who have helped them. It's true, but people should try to understand. Would they stay silent if they were arrested and forced to talk? Everyone knows that is impossible! So why do they ask Jews to do the impossible? ☀

We have heard an unbelievable rumor. It is about German Jews who emigrated to Holland and who are now in camps in Poland. They were once protected in Holland. But when the war is over, they won't be allowed to return to Holland. They will have to go back to Germany again.

I can't understand how the Dutch, who are good, honest people, could do that to us. We, Jews, are the most oppressed, the unhappiest, and the most pitiful people in the whole world.

I love Holland. My only hope is that the Dutch will remember what is right. Because what the Germans are doing is completely wrong!

Yours, Anne M. Frank

 The Dutch are now against Jews because ________.

a. the Jews tell secrets to the Germans
b. the Jews steal things from them
c. the Jews torture them to find out secrets

- □ the latest 최근의, 최신의
- □ against …에 적대하여(등을 돌려)
- □ torture 고문하다
- □ stay silent 침묵을 지키다
- □ be forced to + 동사원형 …하도록 강요 받다
- □ unbelievable 터무니없는, 황당한
- □ rumor 소문
- □ emigrate to …로 이주하다
- □ be protected 보호받다
- □ oppressed 학대받는, 억압받는
- □ pitiful 가엾은, 측은한

1 **be on one's side** …의 편을 들다

A lot of people, who were once on the Jewish side, are now against us.

한 때 유대인의 편을 들었던 많은 사람들이 지금은 우리에게 등을 돌리고 있어.

Mini-Lesson

the + 형용사 = 추상명사

impossible(불가능한) 이라는 형용사 앞에 the가 붙으면 '불가능한 것' 이라는 추상명사가 된답니다. 이런 예를 더 살펴볼까요?

- People pursue the true, the good, and the beautiful. 사람들은 진, 선, 미를 추구한다.
- The movie is full of the strange and the horrible. 그 영화는 괴기와 공포로 가득 차 있다.

Thursday, 25 May 1944

Dear Kitty,

This morning Mr. van Hoeven, who brings us potatoes, was arrested. He was hiding two Jews in his house. The world has turned upside down. The best people are in the concentration camps, and the worst are the ones who put them there.

This man is a great loss to us too. Bep can't carry heavy bags of potatoes, so we will have to eat less now.

Mummy says we should skip breakfast altogether and only eat porridge and bread for lunch. Dinner will be fried potatoes with a few vegetables if we have them.

We're going to be hungry, but anything is better than being discovered.

Yours, Anne M. Frank

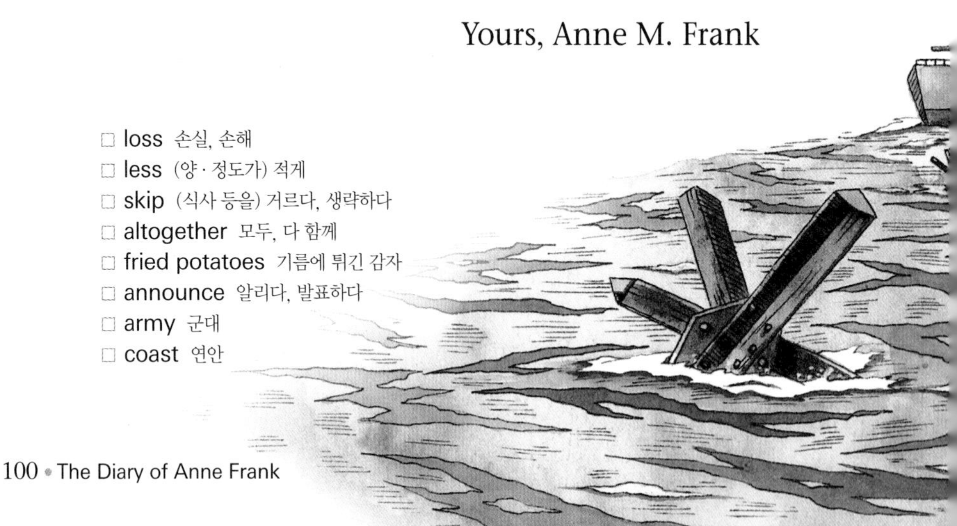

- □ loss 손실, 손해
- □ less (양 · 정도가) 적게
- □ skip (식사 등을) 거르다, 생략하다
- □ altogether 모두, 다 함께
- □ fried potatoes 기름에 튀긴 감자
- □ announce 알리다, 발표하다
- □ army 군대
- □ coast 연안

Tuesday, 6 June 1944

Dear Kitty,

"Today is D-Day," the BBC announced. "The invasion has started! Thousands of planes are on their way to bomb the Germans! 4,000 boats are carrying the British and American armies to the French coast."

We can't believe it! We hope they can win the war before the end of 1944.

It feels like our friends are coming. Perhaps I can go back to school in September.

Yours, Anne

Tuesday, 13 June 1944

Dear Kitty,

Yesterday I had another birthday, so I'm fifteen now. I received quite a lot of presents: an art history book, a pot of jam, two small honey cakes, and some sweets. Peter gave me some lovely flowers.

I haven't been outside for a very long time. I think that's why I've become so interested in nature. I never really noticed the blue sky, the flowers or the birds singing before. But all that has changed now.

Whenever I can, I try to watch the moon, the stars or the dark rainy sky through the windows. And when I see them, I feel calmer and more hopeful. It's much better medicine than valerian.

But unfortunately, I am only able to view the outside world through dirty net curtains hanging over very dusty windows. But it's not very pleasant looking through them anymore. Nature is just the one thing that really must be unpolluted.

Yours, Anne M. Frank

- a pot of 한 통의
- calm 평온한, 차분한
- hopeful 희망에 찬, 기대하는
- unfortunately 불행하게도
- view 보다
- net curtains 가는 레이스의 커튼
- hang over …위에 걸려 있다
- dusty 먼지투성이의
- pleasant 유쾌한
- unpolluted 오염되지 않은

Friday, 21 July 1944

Dear Kitty,

Super news! An assassination attempt was made on Hitler's life. It wasn't a Jew or one of the Allies, [1] but a German general. It is obvious that the German soldiers have had enough of the war too! [2]

I could be back at school in September. I am more hopeful today.

Yours, Anne M. Frank

- □ super 대단한, 굉장히 좋은
- □ assassination 암살
- □ the Allies 연합군
- □ general 장군
- □ obvious 명백한
- □ thoughtful 생각이 깊은, 사려 깊은
- □ laugh at …을 비웃다

Tuesday, 1 August 1944

Dear Kitty,

I have realized that there are two sides to me. There is the side that everyone sees: cheerful and funny. Then there's my better side: more thoughtful and caring. Not many people see my better side. I'm afraid they'll laugh at me. But when I'm alone, the better side is always there.

I would like to change, but it's very difficult. If I'm quiet and serious, everyone thinks I'm ill. But I keep trying to be the person I really want to be. If only[3] there were no other people in the world.

Yours, Anne M. Frank

ANNE'S DIARY ENDS HERE.

1 **make an attempt on one's life** …의 목숨을 빼앗으려고 시도〔기도〕하다
An assassination attempt was made on Hitler's life.
히틀러의 목숨을 빼앗으려는 시도가 있었어.

2 **have had enough of** …가 지긋지긋하다, …에 넌더리가 나다
It is obvious that the German soldiers have had enough of the war too! 독일 군인들 역시 전쟁이 지긋지긋해진 것이 확실해!

3 **if only** …하기만 하면 (좋을 텐데)
If only there were no other people in the world.
이 세상에 아무도 없기만 하면 좋을 텐데.

Epilogue

On the morning of 4 August 1944, the German and Dutch police broke into the Secret Annexe. They arrested the eight people hiding there and took all the money and valuables that they could find. However, they didn't find Anne's diary!

The eight people from the Annexe were transported to the Auschwitz concentration* camp in Poland. Some were then transferred to camps at Mauthausen and NeuenGamme.

* 나치의 가장 큰 강제수용소로 1945년까지 약 600만 명의 유대인이 살해되었어요.

Mr. van Daan was gassed, but it is not known how Mrs. van Daan has died.

In January 1945 the SS forced Peter on "a death march." He was never heard from again.

Mr. Dussel died in the NeuenGamme camp on 20 December 1944.

Anne's mother Edith died at Auschwitz on 6 January 1945.

Margot and Anne were transferred to the Bergen-Belsen concentration camp.

An outbreak of typhus killed Margot and Anne in the winter of 1944 - 1945. The camp was liberated by British troops on 12 April 1945.

Otto Frank, Anne's father, was the only one of the eight to survive.

Miep Gies found Anne's diary and gave it to Otto after the war. Otto devoted his remaining years to sharing the message of his daughter's diary with people all over the world. Anne's diary was translated into 50 languages. Even today, her diary is still popular, and many copies are still sold each year.

- □ epilogue 후기
- □ break into …에 침입〔난입〕하다
- □ valuables 귀중품
- □ be transferred to …로 이송되다
- □ outbreak of …의 발병[발생]
- □ typhus 발진티푸스
- □ be liberated by …에 의해 해방되다
- □ troops 군대
- □ devote A to ...ing(B)
  B하는 데 A를 바치다
- □ remaining years 여생
- □ be translated into
  …로 번역되다

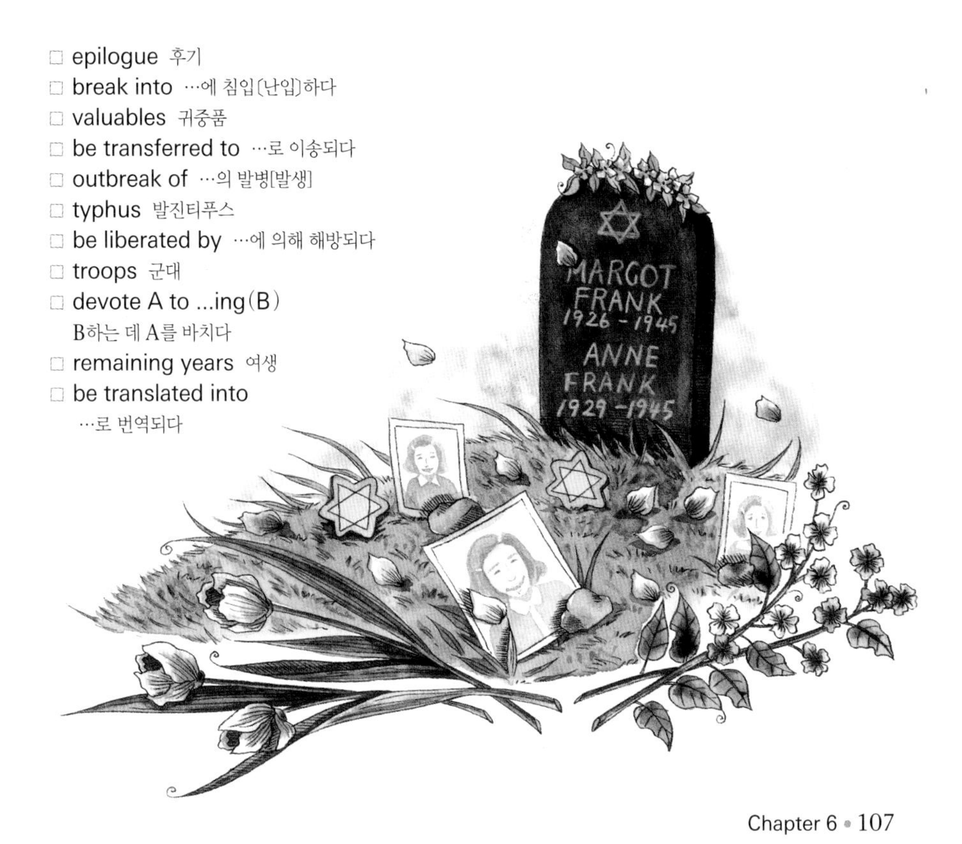

Check-up Time!

• WORDS

단어와 단어의 뜻을 서로 연결하세요.

1 emigrate •

2 torture •

3 oppressed •

4 thoughtful •

• a. quiet and serious, thinking about something deeply

• b. to punish someone painfully to make him reveal information

• c. to leave one's own country to live in another country

• d being treated cruelly; having no freedom

• STRUCTURE

괄호 안의 두 단어 중 맞는 것에 동그라미 하세요.

1 She (did pass / did passed) the exam last year.

2 The man was arrested and forced (talking / to talk) about the crime.

3 She devoted her remaining years (to help / to helping) the poor.

4 Suzie always complains about everything. I (have had enough of / have had enough to) that.

Words : 1. c 2. b 3. d 4. a
Structure : 1. did pass 2. to talk 3. to helping
4. have had enough of

● COMPREHENSION

빈칸에 알맞은 내용을 보기에서 찾아 문장을 완성하세요.

1 Anne wished she could look at nature more often, and ______________________.

a. not with other people
b. not through a dirty window

2 Anne celebrated her fifteenth birthday in the Annexe. And ______________________.

a. it was to be her last birthday
b. she didn't get any presents

● SUMMARY

빈칸에 맞는 말을 골라 이야기를 완성하세요.

> The war lasted for a long time, and Anne didn't want to do any schoolwork. But she soon realized she needed to study to become a (   ). The people in the Annexe went hungry, but they still had hope, because on D-Day, the (   ) landed on the French coast. But the Secret Annexe was found by the German and Dutch (   ) and the people in there were taken away to concentration camps. Anne died of (   ) in the winter of 1944-1945.

a. typhus   b. English   c. journalist   d. police

ANSWERS

Words | 1. b 2. a   Structure | 1. c, b, d, a

After the Story

Reading X-File 이야기가 있는 구문 독해

Listening X-File 공개 리스닝 비밀 파일

Story in Korean 우리 글로 다시 읽기

본문 page 17
본문 page 36

I have a comfortable home to live in.

나에게는 편안하게 살 수 있는 집이 있어.

★ ★ ★

안네는 생일 선물로 받은 일기장을 키티라고 부르며 친구에게 말하듯 자신의 주변 상황과 생각에 대해 써내려갑니다. 그리고 자기소개를 하면서 사랑을 주시는 부모님과 언니 마르고, 그리고 편안하게 살 수 있는 집이 있다고 하지요. 집을 설명한 위 문장에서 부정사구 to live in이 명사 home을 수식하고 있는데요, 이때 live처럼 전치사를 필요로 하는 자동사가 명사를 수식하는 to부정사의 형태를 취할 때에는 명사 + to부정사 + 전치사로 써야 한다는 점, 꼭 기억해 두세요.

Margot

Anne, why have you been sleeping all day?
Don't you have anything to do besides sleep?

안네, 너 왜 이렇게 하루 종일 잠만 자니?
잠 자는 것 외에는 할 일이 없니?

Anne

I have nothing to play with.
And I have no one to talk to here.

내가 가지고 놀 만한 게 없잖아.
그리고 여기선 말할 상대도 없어.

Peter suggested that I use the office toilet.

페터는 내가 사무실 화장실을 써야 한다고 제안했어.

★ ★ ★

은신처로 숨은 안네 가족과 반 단씨 가족은 목욕을 할 수 있는 자신만의 공간과 방법을 찾습니다. 안네는 앞쪽 사무실에서 커튼을 쳐놓고 어두운 상태에서 목욕을 하다가 불편해서 다른 장소를 물색하게 되지요. 그 때 안네는 사무실 화장실을 써보라는 페터의 제안을 일기장에 적습니다. 이 문장에서 주목해야 할 표현이 있는데요, 바로 suggest(제안하다) 뒤에 오는 that절에는 should + 동사원형을 써야 한다는 것이에요. 이때 should는 생략하고 동사원형만 쓸 수도 있답니다.

Anne

Mrs. van Dann suggested that I eat more vegetables. But I really hate them.

판 단 아주머니는 제게 야채를 더 먹으라고 권해요.
하지만 저는 야채가 정말 싫어요.

Daddy

Anne, I agree with her.
You have to change your eating habits.

안네, 나도 아주머니 생각에 동의한단다.
너는 식습관을 바꿔야 해.

Women return from shopping to find their families gone.

여자들은 장을 보고 돌아와서 가족이 사라져 버린 것을 알게 돼.

★ ★ ★

안네가 은신처에 숨어 있는 동안 나치는 무차별적으로 유대인을 포로수용소로 끌고 가 유대인 가족들을 생이별하게 만듭니다. 학교에서 돌아온 아이들은 부모님들이 어디론가 사라져 버린 것을 알게 되고, 여자들은 위와 같은 상황을 겪게 되지요. 위 문장에서는 '… 해서 ~하다' 라는 결과를 나타내는 to부정사가 쓰이고 있는데요, to find는 동사 return에 이은 결과를 나타내죠. 그럼 안네와 뒤셀 씨의 대화를 통해 다시 한번 익혀 볼까요?

Anne

I woke up to smell the thick smoke from the burning houses. What happened last night?

깨어나서 불타는 집에서 나는 짙은 연기 냄새를 맡았어요.
어젯밤에 무슨 일이 있었죠?

Albert Dussel

There were bombings last night. The houses and factories in Amsterdam were destroyed.

어제 저녁에 폭격이 있었단다. 암스테르담에 있는 집과 공장들이 파괴되었어.

How interesting it would be if I were to publish a novel of the "Secret Annexe."

내가 만약 '은신처'라는 소설을 출판한다면 얼마나 흥미로울까.

★ ★ ★

어느 날, 안네는 네덜란드 정부가 전쟁이 끝나면 전쟁과 관련된 일기와 편지를 수집할 것이라는 소식을 듣고 자신의 일기가 소설로 출판될 수도 있다는 즐거운 상상을 합니다. 하지만 안네는 If + 주어 + were to + 동사원형, 주어 + would + 동사원형을 써서 자신의 일기가 소설로 출판되는 것은 실현 가능성이 희박한 일임을 나타냈는데요, 이처럼 were to는 실현 가능성이 희박한 일을 가정할 때 쓰인답니다. 그럼 안네와 페터의 대화로 다시 볼까요?

Anne

If I were to go out of the "Secret Annexe," I would go to school. What about you, Peter?

만약 내가 은신처 밖으로 나가게 된다면, 나는 학교를 갈 거야. 페터, 너는 어때?

Peter

I would go to the cinema with you. I hope our dreams will come true.

나는 너랑 같이 영화를 보러 가고 싶어. 우리의 꿈이 이루어졌으면 좋겠다.

01 t는 살짝 묻혀도 OK~

-st로 끝나는 단어 뒤에 자음이 오면 t는 묻혀 거의 생략됩니다.

-st로 끝나는 단어만을 발음할 때는 [ㅅㅌ]라고 정확하게 발음한다는 것, 알고 있지요? 하지만 자음으로 시작하는 단어가 뒤따라오면 -st에서 t는 거의 생략하고 s 소리만 들리게 발음해야 한답니다. t를 발음할 것처럼 혀의 위치를 잡다가 [슷]으로 간결하게 마무리하세요. 그럼 본문 33쪽과 36쪽을 통해 이러한 예들을 확인해 볼까요?

Mummy treats me (①) a baby, which I hate.

① **just like** [저ㅅㅌ 라이ㅋ]라고 발음하면 촌스러워요. [저슷라잌]로 짧게 발음하면 세련된 영어가 된답니다.

She is waiting to see which is the (②).

② **best place** 마찬가지로 best의 t를 약하게 [베슷플레이ㅅ]라고 발음한 걸 알 수 있어요.

02 한 번 끊어주면 멋진 영어!

자음 뒤에 -less가 뒤따르면 -l 앞에서 한 번 끊어주세요.

restless를 어떻게 발음했나요? 발음기호가 [restlis]이므로 [레스틀리쓰]로 발음하고 있진 않나요? 하지만 원어민 발음은 [레슷 리쓰]에 가깝답니다. 이는 자음으로 끝나는 단어 뒤에 -less가 붙으면 -l 앞에서 한 번 끊었다가 발음하는 규칙이 있기 때문이랍니다. 본문 81쪽에서 이 규칙의 다른 예를 한번 확인해 보세요.

"How can I be sad when we can see the sunshine and the (①) skies?" I thought.

① **cloudless** 그동안 또박또박 [클라우들리쓰]라고 발음하지 않았나요? 원어민은 -l 앞에서 살짝 끊듯이 [클라운 리쓰]라고 발음했어요.

cloudless

03 잘 구분하세요! 세 얼굴의 ex-

ex-는 서로 다른 3가지의 발음을 가지고 있음을 기억하세요.

ex-의 발음을 자신 있게 하기 위해선 ex-가 [igz], [iks], [eks], 이렇게 3가지의 발음을 가지고 있다는 것을 알고 있어야 합니다. [igz]는 혀에 강한 진동을 주면서 [이ㄱㅈ-]라고 발음하고 [iks]와 [eks]는 우리말 표기대로 [익ㅆ-], [엑ㅆ-]라고 발음하면 된답니다. 그럼 각각의 예를 21, 67 그리고 71쪽에서 함께 찾아볼까요?

I got mostly Bs in my (①)!

① **exam** [잼]에 혀의 진동을 주며 [이ㄱ잼]이라고 발음하세요.

Nobody opens his mouth (②) to eat food.

② **except** [익쎕ㅌ]라고 제대로 들렸나요? [ㅆ]의 바람 새는 소리를 살려야 해요.

We received (③) oil, sweets, and syrup.

③ **extra** [엑ㅆ-]에 강세를 두면서 [엑ㅆ뜨롸]라고 발음하세요.

04 '잉~' 코맹맹이 소리는 싫어요~

단어 속의 -ing에서 g는 없는 셈 치세요.

동사를 진행형이나 동명사로 만드는 -ing를 [잉]으로 발음하나요? 원어민의 발음을 들어보면 약간 다른 점을 알 수 있어요. [잉]이 아니라 [인]에 가깝게 발음하거든요. 단어 속의 -ing을 발음하는 건 생각보다 쉬운 일이 아니랍니다. 입을 옆으로 벌리면서 혀는 입천장에 닿지 않은 상태로 발음해야 하기 때문이에요. 그래서 원어민은 편의상 g 발음을 떼버리고 그냥 [인]에 가깝게 발음을 끝내는 거죠. 본문 16쪽과 66쪽에서 이런 예들을 확인해 보세요.

But we worried about our relatives still (①) in Germany.

① **living** [리빙]보다는 [리빈]이 더 좋은 발음이랍니다.

He just looked like he was (②) shopping as usual.

② **going** [고잉]이라고 힘주어 발음할 필요 없어요. [고인]이라고 쉽게 발음하세요.

우리 글로 다시 읽기

안네의 일기

1장 | 나의 일기장, 키티

p.14~15 *1942년 6월 14일 일요일*

6월 12일, 금요일, 나는 새벽 6시에 눈을 떴어. 그날이 나의 13번째 생일이었거든. 너무 이른 시간이라 자리에서 일어날 수 없었단다. 7시 15분 전까지 호기심을 억누르고 있어야만 했지. 더는 참을 수 없는 지경이 되자 아래층으로 살금살금 내려갔어. 식당에서 나의 고양이 모르체가 나를 반갑게 맞아 주었지.

그리고 거실로 엄마, 아빠를 보러 갔어. 거기엔 내가 풀어 볼 선물 꾸러미가 수북이 쌓여 있었지. 장미꽃 한 다발, 식물 한 그루, 작약 몇 송이가 있었는데, 이날 온종일 선물이 들어왔어. 하지만 내가 받은 최고의 선물은 바로 너, 나의 일기장이야!

시간이 좀 지난 후, 내 친구가 와서 함께 학교에 갔어. 난 쉬는 시간에 모두에게 달콤한 쿠키를 나눠준 후 다시 수업을 들었단다.

이제 그만 써야겠어. 안녕, 우리는 멋진 친구가 될 거야!

p.16~17 *1942년 6월 20일 토요일*

난 네가 나의 깊은 생각을 알았으면 해. 난 많은 사람들을 알지만 내 비밀을 알려줄 정도로 가까운 친구는 없어. 다른 사람이 너를 훔쳐보는 건 원하지 않아. 아무튼 13살짜리 여자아이의 생각 따위에 관심을 갖는 사람은 없겠지? 난 너를, 나의 일기장을 친구로 삼고 싶어. 그리고 앞으로 너를 키티라고 부를 거야.

오늘은 내가 살아온 이야기를 해줄게.

내게는 나를 사랑하시는 부모님이 있고 편안하게 살 수 있는 집도 있어. 마르고 언니는 1926년에 독일 프랑크푸르트에서 태어났고, 난 1929년 6월 12일에 태어났단다.

우리는 유대인이기 때문에 아빠는 1933년에 가족을 데리고 네덜란드로 이사를 왔어. 그곳이 더 안전하다고 여겨졌거든. 하지만 우리는 여전히 독일에 살고 있는 친척들을 걱정했지. 그들은 히틀러의 반유대인 정책 때문에 고생하고 있었거든.

1940년 5월 이후에는 네덜란드에서의 편안한 생활도 변했단다. 우선 독일과 전쟁이 일어났고, 곧 네덜란드가 항복했거든. 독일인들이 도착하자, 반유대인 정책이 시행되면서 우리는 자유를 잃고 말았지.

p.18~19 모든 유대인들은 노란 별을 달고 다녀야 해. 가지고 있는 자전거는 전부 당국에 바쳐야만 하고. 대중교통을 이용할 수 없고 자전거를 타거나 차를 모는 것도 금지돼 있어. 물건을 사는 시간도 3시에서 5시 사이로 정해져 있고, 그것도 '유대인 상점'이라는 현수막이 걸린 상점에서만 가능하단다. 8시까지는 집안에 들어가 있어야 하고, 그 시간 이후에는 자기 집 정원에서도 앉아 있으면 안 돼. 연극이나 영화를 보는 것도 금지돼 있고 다른 오락 시설에도 출입할 수 없어. 공공 스포츠 활동도 하면 안 돼. 또 수영장, 테니스장, 하키 경기장과 그 밖의 스포츠 시설을 사용할 수도 없지. 유대인들은 기독교인들을 방문하면 안 되고, 유대인 학교에만 다니도록 되어 있어.

말하자면 우리는 이건 할 수 없고 저건 못하게 되어 있는 셈이지. 그래도 우리는 될 수 있는 한 전과 다름없이 생활해 나가려고 애쓰는 중이야.

이게 지금까지 내가 살아온 과정이란다.

p.20~21 *1942년 6월 21일 일요일*

키티에게,

오늘은 학년을 마치는 날이라 우리 반 모두가 조바심을 내고 있단다. 곧 선생님들의 회의가 열리기 때문이야. 회의에서 선생님들이 다음 학년으로 올라갈 사람과 유급될 사람을 결정할 거야. 난 우리 반의 4분의 1은 유급되어야 한다고 생각해.

내 여자친구들이나 나 자신에 대해서는 걱정하지 않아. 수학이 좀 불안하긴 하지만 말이야. 이제는 참을성 있게 기다리는 일만 남았어.

안네가

1942년 7월 5일 일요일 아침

키티에게,

시험은 거의 다 B를 받았어! 나도 기쁘고, 엄마와 아빠도 기뻐하셔. 늘 그렇듯, 언니는 우수한 성적표를 받았지.

요즘 아빠는 일을 별로 안 하시고 집에 계시는 때가 많아. 며칠 전, 아빠와 함께 자그마한 광장을 가로질러 산책을 했어. 그때 아빠는 우리가 곧 숨어 살아야 한다고 말씀하셨지. 내가 그 이유를 물었어.

"안네야, 우리가 일년 넘게 옷이랑 음식이랑 가구 따위를 다른 곳으로 보내고 있었다는 것은 너도 알 거야. 독일인들이 우리 물건들을 가져가는 것을 원하지 않기 때문이지. 그리고 무엇보다도 우리가 그들에 의해 멀리 쫓겨나는 것도 원하지 않아!"

덜컥 겁이 난 내가 물었어. "언제 가게 되는데요?"

아빠가 대답하셨어. "걱정하지 마. 우리가 다 알아서 할 테니. 넌 여유가 있을 때 즐겁게 지내고 있으렴!"

안네가

p.22~23 *1942년 7월 8일 수요일*

키티에게,

일요일 이후로 아주 많은 일이 생겼단다. 세상이 온통 뒤죽박죽 된 거 같아. 하지만 키티, 난 아직 살아 있단다. 그래서 여전히 희망도 품고 있고 말이야.

일요일 오후에 언니가 아주 걱정스런 표정으로 내게 다가왔어.

"나치 친위대가 아빠에게 소환장을 보냈어." 언니가 속삭였어. "엄마는 우리가 월요일에 은신처로 이사를 할 수 있는지 알아보기 위해 판 단 아저씨를 만나러 가셨어. 판 단 씨 가족도 우리와 같이 갈 거야. 그럼 모두 7명이 되는 거지." (판 단 아저씨는 아버지와 함께 일하는 친구 분이야.)

그 소식은 내게 큰 충격이었어. 소환장이 끔찍한 강제수용소와 어둡고 외로운 감방을 뜻한다는 건 누구나 알고 있거든. 우리가 어떻게 아빠를 그런 곳으로 보낼 수 있겠니! 나중에 알게 된 사실이지만, 소환장은 아빠가 아니라 언니에게 온 거였어! 도대체 16살짜리 소녀에게서 뭘 원하는 걸까? 하지만 다행히도, 엄마는 언니가 가지 않아도 될 거라고 하셨어! 그래서 아빠는 우리가 숨어서 살게 될 거라고 말씀하셨던 거야.

숨는다면… 우린 어디로 가게 될까? 시내로, 시골로, 다른 집으로, 오두막으로? 언제, 어떻게, 어디로?

언니와 나는 자신에게 가장 소중한 물건들을 꾸리기 시작했어. 내가 가방 안에 가장 먼저 챙긴 것은 이 일기장이야. 그 다음에는 빗과 교과서와 옛날 편지 몇 통을 넣었지. 그래도 난 괜찮아, 내게는 추억이 옷보다 더 소중하거든.

미프가 와서 우리의 신발, 옷, 코트, 속옷, 스타킹을 자기 가방에 넣어 가져가며 저녁에 다시 오겠다고 했어. 미프는 1933년부터 아빠와 함께 일해왔는데 우리 가족과 친한 친구가 되었지.

p.24~25 일요일 밤이 내 침대에서 자는 마지막 밤이었단다. 월요일 아침에 엄마는 5시 30분에 우리를 깨운 후, 될 수 있는 한 옷을 많이 껴입으라고 말씀하셨어. 우리가 가방을 많이 들고 다니는 게 눈에 띄면 곤란하겠지. 그래서 나는 속옷 두 벌에다 바지 세 벌, 원피스 두 벌, 치마 두 벌, 비옷, 스타킹 두 개, 따뜻한 모자, 스카프 등을 겹겹이 입거나 둘렀어.

7시 30분에 우리는 문을 닫고 집을 나섰어. 난 오랫동안 함께 지내온 고양이인 모르체에게 작별인사를 할 때 울었어. 우리는 이층 방에 세를 든 청년인 홀트스미트 씨에게 쪽지를 남겼어. 모르체를 이웃에게 데려다 주라고 말이야.

집은 엉망이었고, 우리가 서둘러 떠난 듯이 보였지. 하지만 우리는 개의치 않았어. 그때는 오직 은신처에 안전하게 도착하기만을 바라는 마음뿐이었으니까.

안네가

2장 | 은신처

p.28~29 *1942년 7월 9일 목요일*

키티에게,

우리는 비가 억수같이 쏟아지는 길을 걸었어. 각자 배낭을 메고 갖가지 물건으로 채워진 쇼핑백을 하나씩 들고 말이야. 출근하는 사람들이 동정 어린 눈길로 쳐다보았어. 그들은 우리를 차에 태워주고 싶어하는 눈치였지만, 우리가 달고 있는 노란 별 때문에 그럴 수가 없었지.

은신처는 아빠의 사무실 건물 안에 있었어. 아빠의 사무실에는 퀴흘레르 씨, 클레이만 씨, 미프와 베프, 이렇게 네 사람이 근무하고 있단다.

건물 내부를 설명해줄게. 1층에는 커다란 창고가 있어. 2층의 앞쪽에는 큰 사무실이 있고 뒤쪽에는 작고 어두운 사무실이 또 하나 있지. 3층의 왼쪽에 보관실이 여러 개 있어. 그리고 오른쪽에는 회색 문이 하나 있는데, 그게 바로 우리의 '은신처'로 들어가는 문이란다. 누구도 그 문 뒤에 그렇게 많은 방이 있으리라고 짐작하지 못할 거야.

p.30~31 은신처 안에는 가파른 계단이 있단다. 계단 왼쪽에는 우리 가족의 거실로 연결되는 작은 통로가 하나 있어. 엄마와 아빠는 거실에서 주무시고, 난 언니와 함께 그 옆에 있는 작은 방을 쓰고 있어. 오른쪽에는 욕실과 화장실이 있어. 계단을 올라가면 부엌이 있단다. 그곳은 판 단 씨 부부가 침실로 쓰게 될 거야. 그들의 아들인 페터는 부엌 옆에 있는 작은 방을 쓸 거고. 계단을 더 올라가면 다락방이 두 개 있는데, 그곳은 우리가 저장실로 사용하고 있어.

자, 이게 우리의 멋진 은신처야!

안네가

1942년 7월 11일 토요일

키티에게,

어젯밤에 우리는 모두 아래층의 큰 사무실로 살금살금 내려가 라디오를 들었어. 나는 다른 사람이 우리 소리를 들을까 봐 너무 겁이 나서 아빠에게 빨리 위층으로 올라가자고 졸랐지.

우리는 밤에 조용히 지내야만 해. 물론 낮에는 더 조용히 지내야 하지. 그렇지 않으면 아래층 사무실에 있는 사람들이 우리 소리를 들을 수도 있거든. 우리는 창 밖을 내다봐서도 안 되고 밖에 나가서도 안 돼.

안네가

p.32~33 *1942년 8월 14일 금요일*

키티에게,

한 달 내내 아무것도 쓰지 못했어. 특별한 일이 하나도 일어나지 않았거든. 판 단 씨

가족은 7월 13일에 도착했어. 그 집 아들인 페터는 곧 16살이 되고 약간 수줍음을 타는 것 같아. 같이 지내는 게 즐거울 것 같지 않아. 페터는 무시라고 불리는 자기 고양이를 데려왔어.

그들이 도착한 날부터 우리는 매끼 함께 모여 식사를 했어. 그래서 그런지 사흘 만에 우리는 하나의 대가족 같은 기분이 들었단다. 이곳에 숨어들어온 후 우리는 밖에서 무슨 일이 있었는지 듣는 것에 관심이 생겼어. 판 단 아저씨가 말해준 소식인데, 사람들은 우리가 스위스로 도망갔다고 생각한대.

안네가

1942년 8월 21일 금요일

키티에게,

이제 우리 은신처 입구가 숨겨졌어. 베프의 아버지가 회색 문을 가리기 위해 그곳에 책장을 달아놓았거든. 여전히 열고 닫을 수 있지만 이제 우리의 은신처는 진짜 비밀이 된 셈이지!

나는 판 단 아저씨와 사이가 좋지 않아. 엄마가 나를 아기처럼 다루는 것도 너무 싫어. 페터는 온종일 침대에서 뒹굴고 있어서 짜증나게 해.

날씨는 덥지만 아주 맑아. 바깥에 한번 나가봤으면 좋겠어!

안네가

p.34~35 *1942년 9월 2일 수요일*

키티에게,

판 단 씨 부부가 크게 싸웠어. 난 전에는 그런 광경을 한 번도 본 적이 없어. 엄마와 아빠는 그렇게 고래고래 소리를 지르진 않거든!

페터는 매일 자신에게 무슨 문제가 있다고 생각해. 온몸 곳곳이 쑤시거나 아프다고 불평하지. 어제는 자기 혀가 파랗게 변했다고 생각하더라고. 오늘은 또 목이 뻣뻣해졌대. 건강염려증 환자 같으니라고! (이게 맞는 말인지 모르겠지만!)

안네가

1942년 9월 27일 일요일

키티에게,

엄마와 마르고 언니와 나는 성격이 달라서 많이 티격태격한단다. 오늘도 엄마와 말다툼을 했고, 결국은 눈물을 쏟고 말았지. 언니와도 잘 지내지 못해. 아빠는 엄마보다 더 다정하고 나를 더 잘 이해해 주시는 편이야. 난 엄마보다는 나의 여자친구들을 더 잘 이해하는 것 같아. 슬픈 일 아니니?

판 단 아주머니는 식사 때마다 항상 내게 잔소리를 해. 내가 싫어하는 채소를 조금만 먹고 그 대신 감자를 먹으면 그냥 넘어가는 법이 없어.

"자자 어서, 안네야. 채소를 좀 더 먹거라." 아주머니는 즉시 이렇게 말하지. "채소는 몸에 좋은 거란다. 엄마도 그렇게 말씀하시잖니."

그리고 첫 마디와 마지막은 항상 이런 식이야. "안네가 내 딸이라면, 나는 …"

내가 아주머니 딸이 아닌 게 천만다행이지 뭐야!

안네가

p.36~37 *1942년 9월 29일 화요일*

키티에게,

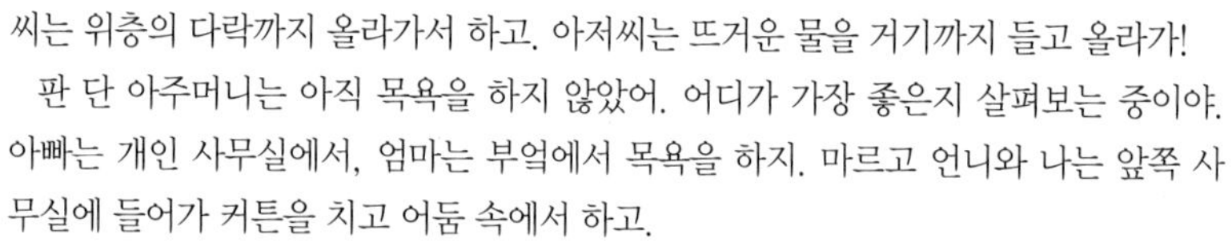

숨어 사는 사람들에게는 이상한 일이 생길 수도 있단다. 상상해 봐. 우리는 욕조가 없어서 양철통을 사용해서 목욕을 하고 있어. 건물 전체에서 뜨거운 물은 아래층에서만 나오지. 그래서 우리 7명은 돌아가며 내려가 목욕을 해. 그런데 사람들은 저마다 목욕하는 장소가 따로 있어.

페터는 사무실 부엌에서 목욕을 해. 판 단 아저씨는 위층의 다락까지 올라가서 하고. 아저씨는 뜨거운 물을 거기까지 들고 올라가!

판 단 아주머니는 아직 목욕을 하지 않았어. 어디가 가장 좋은지 살펴보는 중이야. 아빠는 개인 사무실에서, 엄마는 부엌에서 목욕을 하지. 마르고 언니와 나는 앞쪽 사무실에 들어가 커튼을 치고 어둠 속에서 하고.

그렇지만 난 그 장소가 마음에 들지 않아서 지난 주부터 더 나은 곳을 찾아보고 있어. 페터는 사무실 화장실을 사용해 보라고 제안했어. 거기서는 앉을 수 있고, 불을 켤 수도 있으며, 문도 잠글 수 있어. 일요일에 그곳을 처음 사용해 보았는데 앞으로는 그곳을 사용하려고 해.

안네가

p.38~39 *1942년 10월 9일 금요일*

키티에게,

오늘 아주 무서운 소식을 들었어. 게슈타포가 우리의 유대인 동포들을 끌고 간다는 거야. 그들은 유대인들을 가혹하게 다루면서 가축용 트럭에 태워 베스테르보르크로 보내고 있대. 그곳은 드렌터에 있는 커다란 유대인 강제수용소야.

베스테르보르크는 정말 끔찍한 것 같아. 천 명이나 되는 사람들이 쓰는 세면대가 단 하나뿐이고 화장실도 많이 모자라고. 사생활이라는 건 찾아볼 수가 없어. 남자, 여자, 아이들이 전부 같이 자야 한다니까 말이야. 음식과 물도 부족해서 많은 사람들이 굶주림이나 병으로 죽어가고 있어.

네덜란드에서 상황이 이 정도라면, 다른 나라에 있는 수용소들은 오죽하겠어! 우리는 유대인들 대부분이 학살당하고 있다고 생각해. 영국 라디오 방송은 그들이 독가스로 살해되고 있다는 소식을 전하고 있어! 아마 그게 사람을 가장 빨리 죽이는 방법이겠지.

안네가

p.40~41 *1942년 11월 9일 월요일*

키티에게,

어제는 페터의 16번째 생일이었어. 모노폴리 게임과 면도기와 라이터를 선물로 받았지. 라이터는 아주 근사했지만, 사실 페터는 담배를 피우진 않아.

이제 은신처에서 우리가 어떻게 식량을 공급받고 있는지 설명해줄게. 빵은 클레이만 씨의 친구이자 마음씨 좋은 제빵업자가 매일 제공해 줘. 우리는 야채 통조림 100통과 말린 콩 300파운드와 감자를 약간 쌓아 두었어. 음식은 집에서 먹던 것만큼 훌륭하진 않지만 그런대로 괜찮은 편이야.

어느 날 이른 아침에 페터가 위층의 저장실로 콩 자루를 옮기고 있었어. 그가 계단 꼭대기에 올라섰을 때 자루 하나가 터져 버렸지. 콩은 우박이 쏟아지듯이 계단 아래로 마구 굴러 떨어졌어. 곧 페터는 크게 웃음을 터뜨렸어. 계단 밑에 서 있던 내가 콩으로 뒤덮인 바다 한가운데에 떠 있는 작은 섬처럼 보였던 거야. 우리가 웃음을 멈추고 콩을 전부 주워 담기까지는 시간이 꽤 걸렸어.

안네가

p.44~45 *1942년 11월 10일 화요일*

키티에게,

굉장한 소식이 있어! 우리 은신처에 또 한 사람이 들어올 예정이야. 우리는 공간과 식량이 여유가 좀 있어서 한 사람 정도는 더 받아들일 수 있겠다고 늘 생각해 왔어. 다만, 퀴흘레르 씨와 클레이만 씨에게 더 큰 부담을 줄까 봐 우려했던 거야. 하지만 유대인들에 대한 부당한 대우가 점차 심해지고 있다는 소식이 들리고, 아빠는 다른 사람의 피신을 돕고 싶어하셔. 아빠는 결정을 내려줄 그 두 사람에게 의견을 물었지. 그러자 그들도 훌륭한 계획이라고 했어.

"7명이든 8명이든 위험한 건 마찬가지죠." 그들은 이렇게 말했어.

우리는 우리 가족과 잘 어울릴 수 있고 가족이 없는 사람을 찾으려고 했어. 드디어 우리는 알베르트 뒤셀이라는 치과의사를 선택했단다. 그의 부인은 전쟁이 일어났을 때 외국에 있었어. 그는 조용하고 아주 친절한 사람이래. 미프가 그 분을 잘 알기 때문에 그가 이곳에 들어와 사는 데 필요한 일을 처리해 줄 거야. 뒤셀 씨가 오게 되면, 나는 언니 대신 그 분과 방을 같이 써야 할 거야. 언니는 부모님 방으로 가게 될 거고.

그 분이 내 이를 치료해 줬으면 좋겠다.

안네가

p.46~47 *1942년 11월 19일 목요일*

키티에게,

뒤셀 씨는 우리의 짐작대로 좋은 분이야. 당연히 나와 방을 같이 쓰는 것도 개의치 않았어. 솔직히 말해서, 나는 기분이 썩 좋진 않지만, 지금은 전쟁 중이니 무언가는 포기해야겠지.

아빠는 이렇게 말씀하셨어. "우리가 아는 사람 중에 누군가 한 사람이라도 구할 수 있다면, 그 밖의 모든 건 부차적인 문제야."

아빠 말씀이 옳아!

뒤셀 씨는 이곳에 온 첫날 많은 질문을 했어. 예를 들면, 청소부는 언제 오느냐, 욕실과 화장실은 언제 사용할 수 있느냐 등등. 우습게 들릴지는 몰라도 숨어 사는 곳에서는 이런 일들을 계획하는 게 그리 간단한 문제가 아니거든. 낮에는 절대로 소리를 내면 안 돼. 아래층에 청소부 같은 낯선 사람이 있다면 각별히 주의해야만 해. 내가 뒤셀 씨에게 이 모든 것을 자세히 설명해주었어. 그런데 한 가지 놀라운 사실을 발견했단다. 그 분은 모든 것을 두 번씩 물으면서도, 우리가 말해준 건 금세 잊어버리는 것 같아. 갑작스런 변화에 정신이 얼떨떨해져서 그런지도 모르지.

p.48~49 뒤셀 씨가 바깥 세상에 대해 많은 얘기를 해 주었어. 매일 밤, 독일군들이 연행할 유대인을 찾아 차를 타고 거리를 돌아다니고 있대. 그들은 집집마다 문을 두드리며 유대인 가족을 찾으러 다니고, 유대인의 은신처에 관한 정보를 주는 사람에게 상금을 준대. 저녁에 어둠이 내리면 죽음을 향해 걷고 있는 남자, 여자, 아이의 행렬이 자주 눈에 띄고 있어.

우리는 이곳에 있으니 참 다행이야. 하지만 난 잠을 잘 못 자. 나의 소중한 친구들에 대한 걱정 때문에 악몽을 꾸고 있어. 그들 모두가 유대인이거든!

안네가

1942년 12월 10일 목요일

키티에게,

뒤셀 씨가 우리의 이를 치료해주고 있어. 뒤셀 씨가 판 단 아주머니의 이 하나를 치료하려 할때, 아주머니는 견딜 수가 없었나 봐. 두 팔을 마구 휘저으며 소리를 질러댔지! 그러다가 뒤셀 씨의 치료 기구가 아주머니의 이에 끼어버린 거야. 아주머니는 혼자서 그걸 마구 잡아당기다가 겨우 뽑아냈어. 우리는 너무 웃어서 배가 아플 지경이었단다. 아마 아주머니는 뒤셀 씨에게 이 치료를 두 번 다시 받지 않을 거야!

안네가

p.50~51 *1943년 1월 13일 수요일*

키티에게,

거리에서 끔찍한 일이 벌어지고 있어. 무력한 유대인 가족들이 생이별을 겪고 있어. 때로는 아이들이 학교에서 돌아오면 부모님이 사라져 버리기도 하지. 여자들이 장을 보고 돌아오면 집은 봉쇄되고 식구들이 온데간데 없어지기도 하고. 네덜란드 사람들도 아들들이 독일로 소집되고 있기 때문에 두려워하고 있어.

모두가 겁에 질려 있는 상황이야. 밤마다 수백 대의 비행기들이 독일에 폭탄을 투하하러 날아가고 있어! 온 세상이 전쟁 중인 것 같고, 전쟁이 언제 끝날지도 알 길이 없어.

우리는 이렇게 머물 곳이라도 있으니 운이 좋은 편이야. 이곳은 조용하고 안전해. 또 우리는 필요한 음식을 살 돈도 있어. 우리는 전쟁이 끝나면 일어나게 될 일이나 새 신발과 옷에 대한 이야기를 나눠. 우리가 이기적이라는 건 나도 알아. 하지만 바깥에서 사람들이 겪는 고통을 생각하면 울적해져. 창문을 통해 아이들이 음식을 구걸하는 광경이 보이기도 해. 이런 비참한 현실의 끝은 없는 것일까?

안네가

p.52~53 *1943년 2월 27일 토요일*

키티에게,

지금 우리에게 일어난 일을 넌 짐작도 할 수 없을 거야. 이 건물의 주인이 퀴흘레르 씨와 클레이만 씨에게 얘기도 안 하고 건물을 팔아버렸어. 어느 날 아침, 새 주인이 건축가와 함께 집을 둘러보러 왔어. 다행히도 클레이만 씨가 그 자리에 있어서 두 사람에게 은신처를 제외한 모든 곳을 안내해 주었지.

그들이 다시 찾아와 은신처만 발견하지 않는다면 다 괜찮을 거야.

안네가

1943년 3월 10일 수요일

키티에게,

판 단 아주머니는 밤마다 무슨 소리가 들린다면서 안절부절못하고 있어. 아주머니는 우리의 저장 식품을 훔쳐가기 위해 도둑이 들고 있다고 생각해. 며칠 전 밤에 아주머니는 이상한 소리를 듣고 페터를 깨웠어. 다락에 올라간 페터는 달아나고 있는 무언가를 발견했지. 그건 바로 커다란 쥐들의 무리였어! 그때 페터가 큼지막한 쥐 한 마리에게 무심코 손을 댄 거야! 쥐는 페터를 물었고, 그는 너무 놀라 사다리에서 떨어질 뻔했지 뭐야!

이제는 밤마다 무시를 그곳에 재우고 있어. 그 다음부터는 밤에 쥐 소리가 나지 않아.

안네가

p.54~55 *1943년 4월 2일 금요일*

키티에게,

어젯밤 난 엄마의 기분을 상하게 했어. 어제 저녁때 난 침대에 누운 채 아빠가 와서 함께 기도해 주시길 기다리고 있었지. 그때 엄마가 방에 들어와 내 침대에 걸터앉아 다정하게 말씀하셨어.

"안네, 아빠는 준비가 안 되셨구나. 오늘 밤에는 엄마랑 기도할까?"

"싫어요, 엄마." 내가 대답했어.

엄마는 자리에서 일어나 잠시 침대 곁에 서 계셨어. 그리고 천천히 문을 향해 걸어가셨지. 갑자기 엄마가 뒤를 돌아보며 말씀하셨어. "너에게 화내고 싶지 않아. 사랑은 강요할 수 없는 거니까 말이야."

방을 나설 때 엄마의 눈가에는 눈물이 맺혀 있었어.

엄마에게 그렇게 못되게 굴지 말았어야 했다는 걸 알지만 나도 어쩔 수 없었어. 사실은 엄마 스스로가 나를 밀쳐버린 셈이니까. 엄마는 내게 상처가 되는 말을 함부로 하고 전혀 우습지 않은 농담을 하시거든. 이제는 엄마에게 사랑의 감정이 느껴지지 않아.

엄마에게는 미안하지만, 사과할 생각은 없어. 난 진실을 말한 것뿐이니까.

안네가

p.56~57 *1943년 4월 27일 화요일*

키티에게,

은신처는 이제 더 이상 살기 좋은 장소가 아니란다. 모든 사람들이 항상 다투고 있어. 엄마와 나, 판 단 아저씨와 아빠, 엄마와 판 단 아주머니가 서로 앙숙이지! 분위기는 진짜 엉망이야!

밤마다 독일의 여러 도시에 대한 공습과 폭격이 계속되고 있어. 비행기가 머리 위로 계속 날아다니는 통에 단 하룻밤도 조용한 적이 없어. 모두가 잠을 제대로 못 자고 있지. 나도 잠이 부족해서 눈 밑이 거뭇거뭇해졌어.

음식도 끔찍해. 아침은 마른 빵과 커피로 때우고 있어. 지난 2주 동안 저녁 식사로는 시금치와 상추만 먹었어. 감자는 썩었고. 살을 빼기 원하는 사람은 누구라도 은신처로 오세요.

안네가

1943년 5월 1일 토요일

키티에게,

어제는 뒤셀 씨의 생일이었어. 그는 아무렇지도 않은 듯 행동했어. 그러더니 미프가 선물들이 담긴 가방을 들고 도착하자 야단법석을 떠는거야. 초콜릿, 버터, 오렌지, 그리고 몇 권의 책을 받았어. 하지만 그는 그것들을 우리와 함께 나누려고 하지 않았지. 그가 이미 자기 찬장에 빵, 치즈, 잼, 달걀 등을 잔뜩 숨겨놓고 있다는 걸 난 알고 있어.

그는 정말 이기적인 사람인 것 같아.

안네가

p.62~63 *1943년 6월 13일 일요일*

키티에게,

어제는 나의 14번째 생일이었어. 아빠가 내게 재미있는 시를 한 편 써주셨단다. 시가 굉장히 좋아서 혼자 간직하기에는 너무 아까워. 그 시의 일부를 한번 들어봐.

너는 가장 어리지만, 이젠 어린애가 아니란다.
지금의 네 생활은 힘들 거야, 분명히 그렇겠지.
우리가 네 선생 노릇을 하고 있으니까. 얼마나 지겨울까!
"우린 경험이 있어! 그러니까 내게 그걸 배워!
우린 이런 걸 전에 다 해봤어. 너도 알잖아."
우리 어른들과 함께 살면서 네가 할 수 있는 것은
항상 우리 말을 듣는 거야. 그건 어렵지만 사실이란다!
너는 온종일 책을 읽거나 공부를 하면서
지루함을 쫓아 버리려고 안간힘을 쓰고 있어.
하지만 네가 가장 견디기 힘든 문제는 바로 이것일 걸.
"도대체 뭘 입어야 하지?"

내 생일 축시 참 좋지 않니?

난 다른 좋은 선물들도 받았어. 그리스와 로마 신화를 다룬 두꺼운 책도 한 권 받았고, 모든 사람들로부터 과자를 받았지.

안네가

p.64~65 *1943년 7월 19일 월요일*

키티에게,

어젯밤 암스테르담 북부 지역이 폭격을 당했어. 모든 거리들은 쑥대밭으로 변했지. 사람들은 가족을 찾아 폐허를 뒤지고 있어. 지금까지 200명이 사망했고 수백 명이 부상을 당했대. 병원은 가득 찼어. 부모를 찾아 나선 아이들이 폐허에서 길을 잃고 헤매고 있다는 소식도 들려. 그 폭격 소리를 떠올리면 지금도 몸이 덜덜 떨려. 그것은 우리에게 다가올 파멸을 예고하기 때문이야.

안네가

1943년 7월 23일 금요일

키티에게,

밖에 나갈 수 있다면 이곳 사람들 각자가 제일 먼저 하고 싶은 게 뭔지 재미삼아 한번 들어봐.

마르고 언니와 판 단 아저씨는 30분 동안 뜨거운 물에 들어가 목욕을 하고 싶대. 판 단 아주머니는 당장 크림 케이크를 먹으러 갈 거래. 뒤셀 씨는 오직 부인을 만날 생각뿐이야. 엄마는 진짜 커피를 한 잔 마시고 싶고, 아빠는 병원에 입원해 있는 베프의 아버지 포스콰일 씨에게 문병을 가고 싶어하셔. 페터는 극장에 가고 싶어하고, 난 다시 학교에 다니고 싶어.

안네가

p.66~67 *1943년 7월 26일 월요일*

키티에게,

어제는 더욱 무시무시한 폭격이 있었단다. 오후 2시 30분경에 시작되었어. 낮부터 밤까지 대부분의 시간 동안 하늘에서 폭탄이 비처럼 쏟아졌어. 폭탄이 떨어질 때마다 집이 흔들렸지. 집이 불타면서 뿜어져 나오는 짙은 연기에서는 매캐한 냄새가 났어. 자정에는 보다 많은 비행기들이 암스테르담 상공을 날았어.

새벽 2시경이 되자 비행기가 오지 않고 포화도 잦아들었어. 난 2시 30분이 지나서야 겨우 잠들었지.

난 7시에 일어났어. 그런데 판 단 아저씨가 아빠와 함께 있는 거야. '도둑이 들었구

나.' 퍼뜩 이런 생각이 들었지. "모든 게"라고 말하는 판 단 아저씨의 목소리가 들렸거든. 그래서 모든 것을 도둑맞았다고 생각했지. 하지만 아니었어. 이번엔 좋은 소식이었어. 무솔리니가 물러나고 이탈리아 국왕이 정권을 잡았다는 거야. 우리는 뛸 듯이 기뻐했어. 어제는 끔찍한 하루였지만, 이제는 전쟁이 끝나고 평화가 오리라는 희망을 품을 수 있게 된 거야.

퀴흘레르 씨가 독일의 비행기 공장이 심하게 파괴되었다는 소식을 들려주었어. 그러는 동안, 아침에 또 한차례의 공습 경보가 울렸지. 다시 많은 비행기들이 상공을 날아다녔어. 경보음도 자주 울렸고. 이젠 경보음이 지긋지긋하고, 공부하고 싶은 마음도 없어. 하지만 이탈리아 소식은 우리에게 전쟁이 곧 끝날 것이라는 희망을 안겨주었어.

안네가

p.68~69 *1943년 9월 10일 금요일*

키티에게,

키티, 네게 글을 쓸 때는 무언가 특별한 일이 생긴 거야. 대체로 그건 나쁜 소식이지만, 이번에는 반가운 소식이야! 영국군이 이탈리아 남부의 나폴리에 들어갔대. 아직 독일군이 북부를 점령하고 있긴 하지만 말이야. 그리고 이탈리아가 항복했어.

하지만 나쁜 소식도 있어. 클레이만 씨가 위장에 대수술을 받았어. 그는 4주 동안 입원해 있을 거야. 그 분이 우리에게 작별인사 하는 모습을 너도 봤어야 하는데. 그저 잠깐 쇼핑을 가는 것 같은 아무렇지도 않은 모습이었단다.

안네가

1943년 9월 16일 목요일

키티에게,

이곳에 사는 사람들의 관계가 시시각각 악화되고 있어. 식사 시간에는 음식을 먹을 때 외에는 아무도 입을 열지 않아. 난 매일 불안과 우울 증세를 물리치기 위해 신경안정제를 복용하지만, 비참한 기분은 없어지지 않아. 한 번 크게 웃는 게 10개의 알약보다 더 도움이 될 테지만, 우리는 웃는 법을 거의 잊어버린 것 같아. 다른 사람들은 다가올 겨울을 보낼 생각 때문에 두려움에 사로잡혀 있어.

우리가 안절부절 못하는 이유가 또 하나 있어. 창고 관리인인 판 마런 씨가 은신처에 대해 의심을 품기 시작했거든.

안네가

p.70~71 *1943년 10월 29일 금요일*

키티에게,

판 단 아저씨와 아주머니가 돈이 궁해지자 또 크게 다투었어. 판 단 아저씨는 아주머니의 최고급 겨울 코트를 팔았어. 아주머니는 전쟁이 끝난 후 새 옷을 사기 위해 그 돈을 간직해 두고 싶어했지. 하지만 아저씨는 은신처에 필요한 물건을 사는 데 그 돈을 쓰고 싶어해. 그들의 고함과 비명 소리는 아마 상상하기 힘들 거야. 무시무시했지.

난 식욕이 없는 것만 빼고는 전반적으로 다 괜찮은 편이야. 종종 신경이 예민해지기도 하는데, 특히 일요일에 심해져. 이곳에서는 일요일이 그야말로 최악의 날이야. 숨 막힐 듯한 정적이 흘러! 마치 지옥으로 끌려들어가는 듯한 기분도 들고.

그럴 때는 아빠, 엄마, 언니도 나를 혼자 내버려둬. 난 방에서 방으로 돌아다니거나 아래층과 위층을 오르락내리락하는데, 마치 새장에 갇힌 새 같은 기분이 들어. 마음속에서는 계속 이렇게 외치는 목소리가 들려. "날 내보내 줘!" 하지만 난 밖으로 나갈 수 없다는 걸 알아. 그래서 대개는 누워서 잠을 청한단다. 여기서 시간을 빨리 보내는 데는 잠보다 더 좋은 게 없으니까.

안네가

p.72~73 *1943년 12월 22일 수요일*

키티에게,

그동안 독감에 걸려서 네게 소식을 전할 수 없었어. 여기서는 몸이 아픈 건 정말 끔찍한 일이란다. 기침이 나오려고 하면 담요 밑으로 기어들어가. 소리가 새어 나가지 않도록 애를 쓰지.

사람들이 내게 온갖 치료법을 시도해봤어. 땀 흘리기, 뜨거운 물에 적신 천으로 가슴 찜질하기, 따뜻한 음료수 마시기, 양치질하기, 가만히 누워 뜨거운 물을 담은 물주머니로 몸을 덥히기 등등.

마침내 몸이 좋아졌어. 키는 1센티미터가 자랐고 체중도 2파운드 늘었어. 얼굴은 핼쑥하지만, 다시 책을 읽을 수 있을 정도로 건강해졌지.

네게 말해줄 소식은 별로 없어. 전과는 달리 지금은 다들 사이좋게 지내고 있단다! 다투는 일도 전혀 없어. 적어도 6개월 동안 집안이 이렇게 조용한 적이 없었던 것 같아.

크리스마스를 맞이해 우리는 추가분의 식용유와 과자와 시럽을 받았어. 난 반짝거리는 예쁜 브로치를 받았지. 뒤셀 씨는 엄마와 판 단 아주머니에게 멋진 케이크를 선물했어. 나도 미프와 베프에게 줄 선물을 준비했지. 나는 두 달 동안 오트밀 죽에 넣는 설탕을 아껴 두었단다. 그걸 이용해 퐁당을 만들어 그들에게 줄 생각이야. 물론 클레이만 씨의 도움을 받아야겠지. 두 사람이 내 선물을 좋아했으면 좋겠어.

안네가

p.76~77 *1944년 1월 6일 목요일*

키티에게,

이야기를 나눌 상대가 있었으면 좋겠다는 바람이 간절해졌어. 그래서 페터에게 의존해 보기로 했단다. 페터가 내 친구가 될 생각이 있는지 알아봐야겠어. 난 페터의 방에 머무르면서 페터에게 말을 시킬 구실을 생각해 보려고 했단다.

어제 그 기회가 찾아왔어. 난 페터가 십자낱말풀이 푸는 것을 도와주었어. 작은 테이블에 마주 앉아서 말이야. 하지만 페터의 짙고 푸른 눈을 보자 말문이 막혔어. 가슴도 울렁거리고.

내가 페터와 사랑에 빠진 거라고 생각하지 않았으면 좋겠다. 절대 아니니까! 판 단 씨 댁의 아이가 아들이 아니라 딸이었더라도 난 그 아이와 친구가 되려고 했을 거야. 페터는 내가 자기 친구가 되고 싶어한다는 걸

모르는 것 같아. 아무래도 그에게 물어봐야 할 것 같아. 좀 더 자주 어울리다 보면 내게 말을 걸겠지!

안네가

p.78~79 *1944년 2월 13일 일요일*

키티에게,

너무 기쁜 일인데 말이야, 오늘 아침에 페터가 계속 나를 쳐다보고 있는 걸 눈치챘단다. 그런데 그건 평소의 눈길이 아니었어! 그게 뭔지 잘 모르겠고 설명할 수도 없어! 난 페터가 마르고 언니를 좋아한다고 생각했는데, 어제 문득 내 생각이 틀렸다는 느낌이 들었지.

페터를 자주 쳐다보지 않으려고 온종일 얼마나 애썼는지 몰라. 그에게 시선을 돌릴 때마다 나를 쳐다보고 있거든. 아, 그러면 마음속에 사랑의 감정이 느껴져. 하지만 그런 걸 너무 자주 느끼면 안 돼.

안네가

1944년 2월 16일 수요일

키티에게,

오늘은 감자를 가지러 페터의 방을 통과해 다락에 올라갔어. 내려와서는 페터와 함께 앉아 많은 얘기를 나누었지. 그러다가 그는 내가 준 영화배우들의 사진을 손으로 가리켰어. 그것을 아주 좋아한다고 하길래 몇 장 더 준다고 했지.

"아니, 됐어. 더 필요하진 않아. 난 이걸 매일 보면서 사진 속 사람들이 이제 내 친구가 되었다는 상상을 해."

이제 페터가 항상 무시를 끌어안고 있는 이유를 알 것 같아. 페터는 외롭고, 사랑과 애정이 필요한 거야.

안네가

p.80~81 *1944년 2월 23일 수요일*

키티에게,

밖은 날씨가 아주 맑고, 나도 기분이 참 좋아. 거의 매일 아침마다 페터가 일하는 다락으로 올라가 신선한 공기를 쐬고 있어. 난 바닥에서 가장 좋아하는 곳에 앉아 푸른 하늘과 앙상한 밤나무와 공중을 가로지르는 새를 올려다 본단다.

오늘 아침에 페터는 굵은 기둥에 기대어 서 있고 난 앉아 있었어. 우리는 신선한 공기를 들이마시며 밖을 내다보았지.

풍경은 매우 아름다워서 아무 말도 나오지 않았어. 우리는 말없이 그냥 앉아 있었는데, 한참 동안을 그렇게 가만히 있었어.

'이런 햇빛과 구름 한 점 없는 하늘을 볼 수 있는데 어떻게 슬퍼질 수 있겠어?' 이런 생각이 들었어. '하느님께서는 우리가 역경을 헤쳐나가도록 도와주시기 위해 이런 것들을 보여주시는 거야.'

안네가

p.82~83 *1944년 3월 4일 토요일*

키티에게,

오늘은 진짜 오랜만에 지루하지 않았던 첫 번째 토요일이었어. 물론 페터 때문이지.

오늘 아침에 아빠는 페터에게 프랑스어를 가르쳤고, 나도 수업에 참가했어. 난 하늘을 떠다니는 기분이었단다. 페터와 아주 가깝게 붙어 앉아 있었기 때문이야. 나중에 우리는 점심때까지 이야기를 나누었어. 이제 식사가 끝날 때마다 페터는 항상 이렇게 속삭여. "안녕 안네, 나중에 봐."

난 세상에서 가장 행복한 소녀일 거야! 페터가 결국 나와 사랑에 빠지게 될지는 잘 모르겠어. 아무튼 페터는 아주 괜찮은 남자애야. 그리고 아마 넌 페터와 함께 이야기를 나누는 게 얼마나 좋은지 상상하기 힘들 거야.

안네가

1944년 3월 10일 금요일

키티에게,

나쁜 소식이 있어. 미프는 아프고, 클레이만 씨는 아직도 병이 낫지 않아 출근을 못하고 있어. 이제 베프가 사무실을 책임지고 있고, 최선을 다해 우리를 도와주려고 애를 쓰고 있어. 하지만 그건 베프에게 매우 힘든 일이야.

그리고 경찰이 우리에게 감자, 버터, 잼을 공급해주는 사람을 체포했어. 우리에겐 큰 충격이지만 그의 임신한 부인과 다섯 명의 어린 자식들에게는 더욱 참담한 일일거야.

안네가

p.84~85 *1944년 3월 16일 목요일*

키티에게,

오늘은 날씨가 어찌나 좋은지 말로 표현할 수 없을 정도란다. 나는 곧 다락으로 올라가려고 해.

이제 내가 페터보다 더 불안해하는 이유를 알았어. 페터는 하고 싶은 것을 할 수 있는 자기만의 공간이 있어. 나는 혼자 있을 수가 없지. 뒤셀 씨와 방을 같이 써야 하는 형편이니까! 그렇기 때문에 내가 키티, 너를 곁에 두고 혼자 생각할 시간을 가질 수 있는 다락으로 도피하는 거야. 불평하고 싶지는 않아. 오히려 씩씩해지고 싶어!

다른 사람들이 내 감정을 알지 못해서 참 다행이야. 하지만 내가 엄마에게 차갑게 대한다는 건 눈치채고 있을지도 몰라. 난 이제 아빠에게 어리광을 부리지 않고, 마르고 언니에게는 아무 말도 하지 않아. 마음의 문을 완전히 닫아버린 거지.

그래, 키티, 안네는 이상한 아이란다. 하지만 난 이상한 환경과 이상한 시대에 살고 있잖니!

나의 모든 생각과 감정을 글로 표현하는 게 얼마나 좋은지 몰라. 그럴 수 없다면 난 미쳐버릴 거야. 내가 생각하는 이 모든 것들에 대해 페터는 어떻게 생각하는지 궁금해. 언젠가는 이런 점에 대해 그와 꼭 이야기를 나누게 될 거라고 생각해. 그런데 평화와 고요를 사랑하는 페터가 과연 나를 좋아할 수 있을까?

안네가

p.86~87 *1944년 3월 28일 화요일*

키티에게,

엄마는 페터를 자주 만나러 가지 말라고 해. 판 단 아주머니가 시샘을 한다는 거야. 내가 판 단 아주머니의 시샘을 조금이라도 신경 써야 하는지 아빠에게 물었어. 그랬더니 그럴 필요 없다고 하셨어. 엄마도 은근히 질투를 하고 있는 것 같아! 엄마는 페터가 나를 계속 쳐다보는 걸 보니 나를 사랑하는 것 같다고 하셔. 아, 그게 사실이라면! 그러면 우리가 서로에 대해 알아가기가 훨씬 수월할 텐데.

난 페터와 가끔씩 싸우기도 하지만 계속 친구로 지내고 싶어. 페터는 팔베개를 하고 눈을 감고 있을 때는 꼭 어린아이처럼 보여. 무거운 감자 자루를 나를 때는 힘이 장사야. 공습을 살피거나 도둑이 침입했는지 건물을 확인해 볼 때는 용감하지. 어떻게 처신해야 할지 몰라 안절부절 할 때는 귀엽기도 해.

페터와 좀 더 가까운 사이가 되었으면 좋겠어. 엄마들이야 신경 쓸 필요 없잖아?

안네가

p.88~89 *1944년 3월 29일 수요일*

키티에게,

네덜란드 정부 관리인 볼케스타인 씨가 전쟁이 끝난 후 전쟁과 관련된 모든 편지와 일기를 수집하고 싶어한다는 소식을 들었어. 당연히 은신처의 모든 사람들은 내 일기를 떠올렸지. 내가 '은신처'라는 소설을 출판한다면 얼마나 흥미로울지 상상해 봐. 사람들은 그게 탐정소설이라고 생각할 거야.

하지만 전쟁이 끝나고 10년이 지난 후, 사람들은 우리 유대인들이 그동안 은신처에서 어떻게 생활하고 식사하고 대화를 나누었는지 알게 되면 정말 놀랄 거야. 나는 키티, 네게 많은 이야기를 들려주었지만, 네가 우리에 대해 아는 건 극히 일부분이란다. 예를 들면, 공습이 있을 때 여자들이 얼마나 겁에 질려 있는지 모를걸!

지난 일요일만 해도 350대의 영국 비행기가 근처의 에이모이덴 항구에 폭탄을 퍼부었단다. 주민들 얘기에 따르면, 집들이 바람에 흔들리는 풀처럼 요동쳤대. 우리에게 일어나는 일을 빠짐없이 네게 전해주려면 아마 온종일 글만 쓰고 있어야 할 거야.

p.90~91 모든 사람들이 굶주림에 시달리고 있어. 일주일 분으로 배급되는 식량은 이틀이면 떨어져. 사람들은 약간의 채소나 빵 한 덩이를 얻기 위해 온종일 줄을 서야만 해.

의사들은 자동차나 자전거를 도둑맞기 때문에 이젠 왕진을 다니지 않아. 사방이 도둑 천지야. 그 중에는 8살이나 9살짜리인 어린아이도 있어. 그들은 창문을 깨고 닥치는 대로 훔쳐가지. 사람들은 집을 비워두고 싶어하지 않아. 그랬다가는 가재도구가 모조리 사라져버리기 십상이거든.

남자들은 독일로 이송되어 공장에서 일을 하게 됐어. 아이들은 병들고 영양실조로 여위어 가고 있어. 모두가 낡은 옷을 입고 낡은 신발을 신고 다니지.

할 얘기는 아주 많지만 시간이 없구나. 우리는 연합군의 상륙작전을 기다리는 중이야!

안네가

6장 | 공격개시일 다가오다!

p.94~95 *1944년 4월 5일 수요일*

키티에게,

이젠 학교 공부에 전혀 관심이 없어. 전쟁이 곧 끝날 것 같지 않아. 아무튼 9월까지 전쟁이 끝나지 않으면 나는 학교로 돌아가지 않을 거야. 난 또래의 다른 아이들보다 2년이나 뒤처지고 싶진 않아.

토요일 밤에는 기분이 엉망이었어. 기도를 하고 바닥에 누워 울었어. 10시 직전에 침대로 들어갔는데, 그때쯤 기분이 좀 나아졌지.

그리고 기자가 되려면 학교 공부를 해야 한다는 걸 이제 깨달았어. 난 꼭 기자가 되고 싶거든! 내가 글재주가 있다는 걸 알아. 내가 쓴 이야기 중에는 괜찮은 것도 있고, 내 일기는 때때로 재미도 있단다.

난 엄마나 판 단 아주머니처럼 되고 싶지 않아. 또 일만 하다가 그냥 잊혀지는 모든 여성들처럼 되고 싶지도 않고. 남편이나 아이들 외에도 무언가를 갖고 싶어. 내가 헌신할 수 있는 것 말이야. 난 쓸모있는 사람이 되어 다른 사람들의 삶에 기쁨을 가져다주고 싶어. 그래서 나는 시련에 굴하지 않기 위해 노력할거고 포기하지도 않을 거야.

안네가

p.96~97 *1944년 5월 2일 화요일*

키티에게,

페터와 난 아빠에게 우리 사이에 대해 털어놓기로 합의했어. 그래서 토요일에 이렇게 말했단다.

"아빠, 페터와 내가 이렇게 가까이 지내는 게 잘못된 일이라고 생각하세요?"

"아니, 그렇게 생각하지 않아. 하지만 조심해야 해. 생각해 봐. 네가 자유롭다면 다른 남자애들이나 여자애들과 만나고 다닐 거야. 가끔씩 멀리 가기도 하고, 게임을 비롯해 온갖 활동을 할 수 있겠지. 하지만 여기서는 너희 둘이 서로 멀리 떨어져 있을 수가 없어. 그러니 그런 사이를 너무 심각하게 받아들이지 말거라."

그러고 나서 아빠는 페터에게 자주 가지 않는 게 좋겠다고 말씀하셨어. 그래도 난 가고 싶기 때문에 그냥 갈 거야.

안네가

1944년 5월 3일 수요일

키티에게,

식량이 점점 줄어들고 있어. 우리는 하루에 두 끼만 먹기 시작했어. 아침에는 오트밀 죽 한 컵이 전부야. 요즘은 저녁 식사로 시금치 혹은 상추에 썩은 감자를 곁들여 먹고 있어.

사람들은 왜 평화롭게 살지 않는 걸까? 나라마다 왜 전쟁에는 엄청난 돈을 허비하면서도 가난한 사람들을 위한 의약품에는 한 푼도 쓰지 않는 걸까? 다른 나라에서는 음식이 산더미처럼 쌓여 썩어가는데도 왜 사람들은 굶주려야만 할까?

모든 전쟁은 우리가 정성스럽게 일궈놓은 것들을 모두 파괴할 거야. 그러면 사람들은 처음부터 다시 시작해야만 하겠지.

안네가

p.98~99 *1944년 5월 22일 월요일*

키티에게,

최근 소식은 충격적이야. 예전에 유대인 편을 들었던 많은 사람들이 이젠 우리에게 등을 돌리고 있어.

독일인들이 유대인들을 고문해서 누구의 도움을 받았는지 알아내려고 한대. 유대인들은 도움을 준 사람들의 이름을 독일인들에게 털어놓고 있어. 그게 사실이지만 사람들도 이해를 해줘야만 해. 체포되어 털어놓도록 고문당하는데 어떻게 입을 다물고 있겠니? 누구나 그것이 불가능하다는 걸 알아! 그런데 사람들은 왜 유대인들에게 불가능한 것을 요구할까?

우린 믿을 수 없는 소문을 들었단다. 네덜란드로 이주했다가 현재는 폴란드 수용소에 있는 독일계 유대인들에 관한 얘기야. 그들은 예전에는 네덜란드에서 보호를 받았어. 하지만 전쟁이 끝나면 네덜란드로 돌아오는 게 허용되지 않을 거래. 다시 독일로 돌아가야 한다는 거야.

선량하고 정직한 네덜란드 사람들이 어떻게 우리에게 그럴 수 있는지 이해할 수가 없어. 우리 유대인들은 전 세계에서 가장 많이 억압받고 가장 불행하며 가장 불쌍한 사람들이야.

난 네덜란드를 사랑해. 나의 유일한 희망은 네덜란드 사람들이 옳은 것이 무엇인지를 되새기는 거야. 왜냐하면 독일인들이 저지르고 있는 일은 명백히 잘못된 것이니까!

안네가

p.100~101 *1944년 5월 25일 목요일*

키티에게,

오늘 아침 우리에게 감자를 가져다 주던 판 호펜 씨가 체포되었어. 집에 유대인 두 사람을 숨겨주고 있었대. 세상은 거꾸로 돌아가고 있어. 가장 선량한 사람들이 강제수용소에 갇히고, 가장 악한 사람들이 그들을 그곳에 가두고 있으니 말이야.

판 호펜 씨가 체포되는 바람에 우리도 힘들게 됐어. 베프는 무거운 감자 자루를 나를 수 없기 때문에 앞으로는 식사량을 줄이는 수밖에 없어.

엄마는 이제 모두 아침을 거르고, 점심으로 오트밀 죽과 빵만 먹어야 할 거라고 하셨어. 저녁 식사는 튀긴 감자에다 아무 채소라도 있으면 곁들여 먹을 거야.
우리는 배가 고프겠지만, 발각되는 것보다야 백 번 낫지.
안네가

1944년 6월 6일 화요일
키티에게,
"오늘은 공격개시일입니다." BBC 방송이 발표했어. "상륙작전이 시작되었습니다! 수천 대의 비행기들이 독일을 폭격하기 위해 출격했습니다! 4000척의 함정이 영국과 미국의 병력을 프랑스 해안으로 실어 나르고 있습니다."
우린 믿을 수가 없었지! 1944년이 가기 전에 그들이 전쟁에서 승리하기를 바래.
마치 우리 친구들이 오고 있는 듯한 기분이 들어. 아마 9월에는 다시 학교에 다닐 수 있을 것 같아.
안네가

p.102~103 *1944년 6월 13일 화요일*
키티에게,
어제 또 생일을 맞았어. 그래서 이제 난 15살이야. 선물을 꽤 많이 받았단다. 미술사 책 한 권, 잼 한 병, 벌꿀 케이크 두 개, 그리고 과자 등등. 페터는 아주 예쁜 꽃다발을 주었어.
난 아주 오랫동안 밖에 나가지 못했잖아. 그래서 그런지 자연에 관심을 많이 갖게 되었어. 전에는 푸른 하늘, 꽃, 새가 지저귀는 소리 따위에 주의를 기울이지 않았거든. 하지만 지금은 완전히 변했지. 틈날 때마다 창문을 통해 달, 별, 비 내리는 어두운 하늘을 올려다보곤 해. 그런 것들을 보고 있노라면 마음이 차분해지고 희망도 샘솟는 느낌이 들어. 신경안정제보다 훨씬 효과가 좋은 약이 되는 것 같아.

하지만 불행히도 난 먼지투성이인 창문에 걸린 더러운 레이스 커튼을 통해서만 바깥 세상을 볼 수 있단다. 이제는 그것을 통해 보는 것이 그리 즐겁지 않아. 자연이야말로 정말 때가 묻지 않아야 할 유일한 것이니까.
안네가

p.104~105 *1944년 7월 21일 금요일*

키티에게,

광장한 소식이야! 히틀러를 암살하려는 시도가 있었어. 그 일을 꾸민 사람은 유대인이나 연합국 인물이 아니고 독일 장군이었어. 독일 군인들도 이제 전쟁에 신물이 난게 분명해!

9월엔 학교에 다닐 수 있을 것 같아. 오늘은 더욱 희망적이야.

안네가

1944년 8월 1일 화요일

키티에게,

내게 두 가지 면이 있다는 걸 깨달았어. 하나는 모든 사람이 보는 면인데, 쾌활하고 재미있다는 거야. 그리고 또 다른 하나는 좀 더 바람직한 면인데, 생각이 깊고 배려심이 많다는 거야. 나의 바람직한 면을 아는 사람은 그리 많지 않아. 난 사람들이 비웃을까 봐 두려워. 하지만 혼자 있을 때는 바람직한 면이 항상 드러난단다. 난 변하고 싶지만 너무 어려워. 조용하고 진지해지려고 하면 모두들 내가 어디 아프다고 생각해. 하지만 난 진정으로 되고 싶은 사람이 되려고 계속 노력하고 있어. 세상에 아무도 없다면 그렇게 되기 쉽겠지만.

안네가

〈안네의 일기는 여기서 끝난다〉

p.106~107 **후기**

1944년 8월 4일 아침, 독일과 네덜란드 경찰이 은신처를 박차고 들어왔다. 그들은 그곳에 숨어 살던 8명을 체포하고, 내부를 뒤져 모든 돈과 귀중품을 압수했다. 하지만 그들은 안네의 일기는 발견하지 못했다!

은신처에 살던 8명은 폴란드에 있는 아우슈비츠 강제수용소로 이송되었다. 그 중 몇 사람은 다시 마우트하우젠와 노이엔감메에 있는 수용소들로 흩어졌다.

판 단 씨는 가스형 당했지만, 그의 부인은 어떻게 사망했는지 알려지지 않았다.

1945년 1월 나치 친위대는 페터를 '죽음의 행렬'에 밀어 넣었다. 그 후 그의 소식은 들리지 않았다.

뒤셀 씨는 1944년 12월 20일 노이엔감메 수용소에서 사망했다.

안네의 어머니 에디트는 1945년 1월 6일 아우슈비츠에서 사망했다.

마르고와 안네는 베르겐-벨젠 강제수용소로 이송되었다. 마르고와 안네는 1944년과 1945년 겨울 동안 티푸스에 걸려 사망했다. 그 수용소는 1945년 4월 12일 영국군에 의해 해방되었다.

안네의 아버지 오토 프랑크만이 8명 중 유일하게 살아남은 사람이었다.

미프 히스는 안네의 일기를 발견하고 전쟁이 끝난 후 그것을 오토에게 주었다. 오토는 남은 생애 동안 딸의 일기에 담긴 메시지를 전 세계인들에게 전하는 데 힘을 쏟았다. 안네의 일기는 50개 언어로 번역되었다. 오늘날에도 안네의 일기는 여전히 인기를 끌고 있고, 해마다 많은 부수가 판매되고 있다.